Aux Éditions Alain Bargain

Dans la collection

ENQUÊTES ET SUSPENSE :

Bernard Larhant
- Quimper sur le gril
- Douarnenez, piège à Mouettes

Françoise Le Mer
- Colin-maillard à Ouessant
- La Lame du Tarot
- Le Faucheur du Menez-Hom
- L'Oiseau noir de Plogonnec
- Blues Bigouden *à l'Île-Chevalier*
- Les Santons de Granite rose
- Les Ombres de Morgat
- Le Mulon rouge de Guérande
- L'Ange de Groix
- Buffet froid à Pouldreuzic
- Amours sur Bélon

Michèle Corfdir
- Le Crabe
- Mortel Hiver sur le Trieux
- Chasse à corps à Bréhat
- Larmes de fond *(épuisé)*
- Vent contraire à Loguivy-de-la-Mer
- Herbes amères à Belle-Isle-en-Terre
- Il court, il court, le furet des Abers
- Fest-Noz sur le Nil
- Eau dormante en Trégor

Martine Le Pensec
- Onde de choc sur Fermanville
- Angoisse sur Penmarc'h
- Lumière noire sur la Penfeld
- Printemps funeste à Brest
- Treizième lune à Concarneau
- 32 octobre à Roscoff

Gisèle Guillo
- Dernier rendez-vous à Vannes
- Du Léman au Morbihan *(épuisé)*
- Tempête à Quiberon
- La Belle de Carnac
- Le Saigneur de Quimper
- Vol de pigeons à Arradon
- Cash-cash au Crouesty
- Le Diable noir de Saint-Cado
- Clair-obscur à l'Île-aux-Moines

Lise Tiffanneau-Midy
- Sortie de route en Anjou
- Vengeance sur la Corniche Angevine
- Un Justicier à Trélazé
- Réveillon obscur en Saumur

Firmin Le Bourhis
- La neige venait de l'Ouest *(épuisé)*
- Les Disparues de Quimperlé
- La Belle Scaëroise
- Étape à Plouay
- Lanterne rouge à Châteauneuf-du-Faou
- Coup de tabac à Morlaix
- Échec et tag à Clohars-Carnoët
- Peinture brûlante à Pontivy
- En Rade à Brest
- Drôle de chantier à Saint-Nazaire
- Poitiers, l'affaire du Parc
- Embrouilles briochines
- La Demoiselle du Guilvinec
- Jeu de quilles en Pays Guérandais
- Concarneau, affaire classée
- Faute de carre à Vannes
- Gros Gnons à Roscoff

Serge Le Gall
- La secte de l'Aven *(épuisé)*
- Sables mouvants à Bénodet
- La Douarneniste et le Commissaire
- Corps-mort à l'Île-de-Batz
- Traque noire à Audierne
- Fugue mortelle en RÉ
- Le moine rouge de Carantec
- La Sirène de Port Haliguen
- Coup fourré dans les Monts d'Arrée
- Vagues à lames à Noirmoutier
- Dépression sur les Glénan

Michel Courat
- Ça meurt sec à Locquirec
- Marée rouge à Plestin-Les-Grèves
- Coup de grisou à Pleumeur-Bodou

Bernard Enjolras
- Îlot mortel à Trégastel

Hervé Huguen
- Dernier concert à Vannes
- Les messes noires de l'île Berder

Aux Éditions Alain Bargain

Dans la collection
ENQUÊTES ET SUSPENSE :

Chaix d'Est-Ange
- La filière d'Arradon
- La petite dame de Locminé
- Ratissage dans le golfe
- L'Écluse de Malestroit
- Copie conforme à Larmor-Baden
- Les Truands de Saint-Goustan
- Coup de barre à Étel
- Vilaine affaire à La Roche-Bernard
- Perfusion à Quiberon
- Le Passager de Lann-Bihoué

Annie Le Coz
- Les Maudits de Kérogan *(épuisé)*
- Plumes sèches à Beg-Meil
- Quimper sonne les cloches
- "Caval" à Saint-Guénolé *(épuisé)*
- "Clap" de fin à Langolen *(épuisé)*
- Mortelle Bigoudène
- Braquages en Cornouaille

Anne-Solen Kerbrat-Personnic
- "Mi Amor" à Rochefort
- Jour maudit à l'Île-Tudy
- Bordeaux voit rouge

Simone Ansquer
- Téviec, le Secret
- Aux tours de La Rochelle
- Grain de sable à Saint-Pierre-Quiberon

Solenn Colléter
- Lettres de sang sur la Côte Sauvage

Marie-Françoise Marchal
- Frissons en Morbihan *(épuisé)*

Anne-Soizic Loirat
- Lorient l'interdite

Christophe Chaplais
- Pâté de Corbeau aux amandes amères
- Le calisson jusqu'à la lie
- Farz aux herbes de Portsall
- Addition salée au Croisic
- Salade russe aux noix de Grenoble
- Fourchette mortelle à Chinon

Patrick Bent
- Erquy profite le crime
- Le macchabée du Val-André
- Saint-Cast priez pour eux !
- Hécatombe à Saint-Malo
- Nuit noire à Dinard

Philippe-Michel Dillies
- Meurtres à Monnaie
- Chasse à Tours
- Train d'enfer pour Saint-Pierre-des-Corps
- Les roses noires de Chartres
- Du raisiné à Vouvray
- Partie truquée à Descartes
- Embrouille à Amboise

Jean-Pierre Bathany
- Camaret au Vitriol
- Double Je Nantais
- Été show à La Baule
- La Veuve Noire de Pornic
- Maudit Blues à Nantes
- Requiem au lac de Grand-Lieu

Stéphane Jaffrézic
- Chili-Concarneau
- Ville bleue et beaux dégâts
- Disparitions en Pays Fouesnantais
- Tri Yann Tro Breizh
- Vengeances croisées à Nantes

Jean-Pierre Le Marc
- Matin rouge au Guilvinec
- Soirées noires à Penmarc'h
- Double vie à Loctudy *(épuisé)*
- Signes de sang à Lesconil
- L'Héritier des Trépassés

Jean-Pierre Farines
- Brume sur la Presqu'île
- La route de Rocamadour

Jacques Caouder
- L'Occise des Landes
- L'Évadée de Brennilis
- Le Mort de Brest-Les Abers *(épuisé)*
- La Troménie noire
- Rumeurs mortelles à St-Renan *(épuisé)*

Sylvain Pettinotti
- Manzini ou "L'art des choix"
- Réactions en chaîne en Isère

Aux Éditions Alain Bargain

Dans la collection
ENQUÊTES ET SUSPENSE :

Bernard David-Cavaz
- Traboules
- La Fille de Sein

Christophe Gontard
- Dernière danse en Trièves

Cédric Labb
- Les Démons du Midi
- Les Muses de Savoie

Jean-Jacques Gourvenec
- Chasse au congre à Lannilis
- Scénario macabre à Saint-Pabu
- Sortilèges au Conquet

Bruno Ségalotti
- Filouteries en Côtes-d'Armor *(épuisé)*
- La Phalange de l'Argoat
- Breizh Connection *(épuisé)*

Yves Horeau
- Une retraite pas très spirituelle *(épuisé)*

Jérôme Lucereau
- Anévrisme *(épuisé)*
- Chef-d'œuvre meurtrier à Lorient *(épuisé)*
- L'affaire Callac *(épuisé)*

Jean-Luc Le Pache
- Bréhat-culpa *(épuisé)*

René Le Clech
- Baston chez les voileux *(épuisé)*

Michel Renouard
- La Java des voyous *(épuisé)*
- Les castrats de Bombay *(épuisé)*
- Requiem sur le campus *(épuisé)*
- Le bouillon de minuit *(épuisé)*
- La farine du Diable *(épuisé)*
- La Vénus de Malifeu *(épuisé)*

Alex Nicol
- Mystères en Finistère
- Ça bombarde chez les Bigoudens
- Mise en Bière à Sainte-Marine
- Le Tsar de Bénodet

Bernard Morin
- Trahison à Guerlédan

Luc Calvez
- Le fils du Tigre *(épuisé)*
- Les Graffeurs du Ponant

Philippe Lepeuple
- Samba ni loi en pays nantais
- Poulets de Brest *La mauvaise farce* *(épuisé)*

Jean-Christophe Pinpin
- Qui voit Groix voit sa croix
- Qui voit Sein voit sa fin *(épuisé)*
- Qui voit Ouessant voit son sang
- Qui voit Belle-Ile voit son île *(épuisé)*
- Qui voit Molène voit sa peine
- Toulouse au bout du siècle *(épuisé)*
- Traque à Hoëdic *(épuisé)*

Patrice Rousseau
- Le faussaire de Pont-l'Abbé *(épuisé)*

Aux Éditions Alain Bargain

Dans la collection **POL'ART :**

Serge Le Gall
- Sombre dessein à Pont-Aven
- Meurtres du côté de chez Proust
- Eaux-fortes à Sainte-Marine
- Ciel rouge au Pouldu

Loïc Gourvennec
- Le râle du basson

Yves Horeau
- Monsieur Butterfly *(épuisé)*

Renée Bonneau
- Nature morte à Giverny *(épuisé)*
- Séquence fatale à Dinard *(épuisé)*
- Sanguine sur la Butte *(épuisé)*

Stéphane Jaffrézic
- Toiles de fond à Concarneau
- Le Rubis de Châteauneuf-du-Faou

DOUARNENEZ

PIÈGE À MOUETTES

DU MÊME AUTEUR :

- *La croisée des maux* - roman - 2006 - Art Média Éditions (à présent Arphilvolis).

Cet ouvrage de pure fiction n'a d'autre ambition que de distraire le lecteur. Les événements relatés ainsi que les propos, les sentiments et les comportements des divers protagonistes n'ont aucun lien, ni de près, ni de loin, avec la réalité, et ont été imaginés de toutes pièces pour les besoins de l'intrigue. Toute ressemblance avec des personnes ou des situations existant ou ayant existé serait pure coïncidence.

Bernard LARHANT

DOUARNENEZ PIÈGE À MOUETTES

Collection

ENQUÊTES & SUSPENSE

Quadri Signe - Editions Alain Bargain
125, Vieille Route de Rosporden - 29000 Quimper
E-mail : editions.alain.bargain@orange.fr
Site Internet : http://pagesperso-orange.fr/editions.bargain

À Eugénie.

I

Quand elle se pencha au-dessus du coffre d'une voiture au hayon ouvert et qu'elle constata la présence du corps sans vie d'une jeune femme d'une petite trentaine d'années, Dominique Vasseur retourna immédiatement la tête de dégoût et s'effondra dans mes bras. Sous ses allures de fille solide, Madame le substitut cachait une âme plus sensible qu'on ne pouvait le soupçonner. Elle resta quelques secondes le front posé sur mon épaule, avant de se frayer un passage à travers le cordon de badauds pour se fondre dans l'obscurité et aller vomir au pied d'un mur. Quel gâchis, un repas succulent que nous avions pris ensemble, à peine quatre heures plus tôt, et que j'avais payé une petite fortune !

Certes, la malheureuse victime n'était pour rien dans ma déveine bien matérielle, mais pourquoi fallait-il toujours que nos tête-à-tête s'achèvent fatalement de manière précipitée, à l'instant où allaient se concrétiser les sentiments profonds qui nous unissaient ? Ce n'était pas la première fois que je m'apprêtais à dépasser la crainte intérieure qui m'empêchait de déclarer ma flamme à mon magistrat préféré, quand un événement extérieur était venu annihiler mes intentions.

J'avais pris une bonne résolution : « Foi de Paul Capitaine, la soirée ne s'achèvera pas sans que j'aie exprimé à Dominique, sans ambiguïté, l'amour qui brûle en moi depuis notre première rencontre ! Histoire de démarrer ce véritable retour aux sources sur des bases solides et sérieuses ! Tu te prétends un bon flic, tu sais dominer le stress des instants tendus et la peur des moments critiques, cette fois, tu sauras maîtriser tes émotions pour vider le fond de ton cœur ! » Et puis il y eut ce maudit appel téléphonique, alors que je m'apprêtais à me lancer dans un plaidoyer émouvant sur mes sentiments…

Pour mon retour définitif à Quimper, après avoir obtenu ma liberté de mon ancien patron de la Cellule-Élysée, autant vous le dire tout de suite, je m'attendais à une entame différente ! Déjà, personne ne m'attendait à la gare, ma fille Sarah s'était trompée de jour et comptait sur moi pour le lendemain dimanche ! Seul sur le quai avec mon barda, je décidai de me rendre à l'Hôtel des Voyageurs, de l'autre côté de la place, quand je m'aperçus qùe Françoise, ma copine d'enfance, avait fermé sa cambuse pour prendre quelques jours de vacances. À près de vingt heures, je me retrouvai assis sur un banc de la gare routière, appelant les quelques relations joignables à partir des numéros mémorisés par mon portable. De mes collègues de la brigade criminelle de Quimper, la seule qui me répondit fut Carole qui se trouvait de permanence, ce qui ne l'arrangeait d'ailleurs pas car sa fille Priscilla couvait une mauvaise grippe. Si un meurtre était commis cette nuit et que la patrouille réclamait la présence de l'OPJ, elle serait vraiment dans la mouise. Je lui proposai donc spontanément de la remplacer, puisque je n'avais rien d'autre à glander sur Quimper. Elle hésita, embarrassée de me solliciter au débotté, avant d'accepter, bien soulagée d'aller rejoindre sa fille.

Mon dernier appel concerna Dominique Vasseur qui répondit aussitôt et souffla d'aise en reconnaissant ma voix, impression agréable à mon ego, avant de maugréer après Sarah, coupable de lui avoir fourni une mauvaise information. Elle aussi se trouvait de permanence et s'apprêtait à dîner devant sa télé, dans l'attente toujours pénible d'un appel des services de police réclamant la présence d'un magistrat du parquet sur une scène de crime. Car m'avoua-t-elle, les assassins du secteur s'étaient à coup sûr donné le mot ; s'ils passaient à l'action un week-end, ils s'arrangeaient pour choisir précisément la fin de semaine où elle, et pas un autre de ses collègues, se trouvait d'astreinte…

Je lui demandai le service de venir me chercher à la gare et de me conduire au commissariat pour déposer mes affaires dans mon bureau. En échange, je lui offrirais un bout dans une brasserie de la ville. Elle accepta avec enthousiasme mon idée de programme et réclama un quart d'heure, le temps d'enfiler une tenue plus décente. Elle arriva à peine dix minutes plus tard et nos retrouvailles furent emplies d'émotion contenue et de timidité chronique – et donc fidèles à nos relations depuis notre rencontre ubuesque du palais de justice. Tout se passa bien jusqu'au moment où je me lançai stupidement à noter que je la trouvais amincie, surtout dans cet ensemble veste-pantalon très chic. Ce à quoi elle répondit, après avoir secoué la tête :

— Vous n'avez donc pas perdu l'habitude agaçante de vous moquer de moi ! J'ai pris trois kilos depuis votre départ de Quimper. N'y voyez surtout pas une relation de cause à effet, juste une précision sur les dégâts que peuvent causer, en une courte période, les excès de bonne chère sur une silhouette… Pardonnez ma réaction, c'est un sujet sur lequel je suis assez susceptible, vous le savez pourtant bien ! Et ne me regardez pas avec cet air ahuri, comme si vous tombiez de la lune ! Je vais devoir renouveler toute ma garde-robe ! Bon, vous me suivez, on ne va pas rester plantés là, tous les deux, pendant toute la nuit…

À vingt-deux heures, nous avions les pieds sous la table de notre restaurant favori, Rue Élie Fréron, à minuit nous en sortions et Dominique me proposa un verre de son merveilleux marc de Gewurztraminer, que, de bonne grâce, je me résolus à accepter. Au fil du repas, l'ambiance avait fini par se détendre et je retrouvai "ma" magistrate comme à ses meilleurs moments : subtile et pince-sans-rire, érudite en art et fin bec, bref, naturelle et agréable. Elle me parla des derniers dossiers qu'elle avait eus à traiter, je lui évoquai la dissolution de la Cellule-Élysée à la faveur du changement de président à la tête du pays, ce qui avait accéléré le feu vert pour ma demande d'affectation à la brigade criminelle de Quimper. Seule contrainte à laquelle je n'avais pu échapper, le patron du groupe, que nous appelions Condor, toujours en activité à la DGSE, tenait à me garder à sa disposition pour les affaires touchant l'État qui se dérouleraient en Bretagne. En échange de bons procédés, il m'offrait l'aide de ses services, à dose homéopathique, pour faire avancer le règlement de dossiers criminels sur mon secteur. Un soutien non négligeable !

À la demande de Dominique, je narrai le cheminement étonnant du dossier confidentiel, remis "en bonnes mains", qui concernait les circonstances de la mort de Moana, la jeune Océanienne, lors de mon passage à Quimper. Non seulement il avait été pris en compte par le gouvernement, mais il avait fait de plus pencher la balance en faveur de l'ouverture d'une enquête approfondie sur les conséquences des essais nucléaires français dans le Pacifique sur la santé des militaires et des autochtones. J'avais pu apporter aux parents de ma mystérieuse et éphémère camarade de classe, les raisons exactes de sa maladie et tenir ainsi mes engagements moraux envers eux. Un constat qui ravit mon amie magistrate, visiblement soulagée de me savoir la conscience libérée d'un poids qui m'oppressait.

Je dégustai le digestif au son d'une nouvelle version, en qualité numérique, des principaux chœurs de Wagner dont les accents germaniques inondaient le séjour dès que le substitut revenait à son appartement. Qui s'arrêterait aux apparences, y verrait une femme autoritaire et dénuée de sentiments, alors que Dominique possédait une étonnante sensibilité sous son aspect viril. Finalement, peut-être que Wagner, lui aussi, était un tendre, allez savoir… Même si son Tristan et Isolde cachait bien le jeu de l'intimité des sentiments ! Je songeais à prendre congé quand elle me demanda où je pensais dormir, puisque Françoise se trouvait en vacances. Je lui répliquai que j'allais passer la nuit dans mon bureau au commissariat quand elle me proposa sa chambre d'amis.

— Pour cette nuit, et jusqu'à la réouverture de l'Hôtel des Voyageurs ! insista-t-elle, dans un élan de générosité. Si je ne vous fais pas peur, bien entendu !

— Ce n'est pas de vous que j'ai peur, c'est de moi ! répliquai-je avec un sourire en coin. J'ai rarement pu partager un appartement avec une superbe femme, dotée de formes sublimes et désirables, sans succomber à un moment ou à un autre à mes pulsions les plus bestiales ! Je ne voudrais pas vous…

— Si cela ne concerne que les femmes superbes, alors je ne crains rien ! me coupa-t-elle, piquée au vif, tout en se levant pour ranger la dive bouteille. Si je sais que je n'ai rien d'une beauté fatale, susceptible d'exciter les fantasmes masculins, je m'arrange parfaitement avec le corps que j'ai et c'est cela le principal…

— Je vous surprends, une fois de plus, en flagrant délit de recherche de compliments ! répliquai-je en pointant mon doigt vers elle. Vous savez pertinemment que vous ne me laissez pas insensible, aussi ne me poussez pas à vous prouver par l'exemple ce dont je suis capable avec vous !

— Flatteur ! me rétorqua-t-elle avec un sourire satisfait, de derrière la desserte séparant le séjour de la cuisine américaine. Flatteur et prétentieux ! Toujours de belles paroles qui ne sont jamais suivies d'actes capables de les corroborer…

Je me sentais défié dans ma virilité et m'apprêtais à relever le gant, quand son téléphone sonna, m'empêchant de passer à l'étape suivante de mon opération d'approche. Je compris à l'expression attristée de son regard qu'il s'agissait de l'appel d'une patrouille et qu'un meurtre nécessitait sa présence. D'ailleurs, mon portable sonna à son tour ; c'était le planton du commissariat qui m'annonçait la découverte du corps d'une femme, dans un coffre de voiture, sur Ergué-Armel. On se regarda ; les paroles étaient inutiles ! Dans notre malheur, nous n'étions pas les plus à plaindre, nous étions en vie… Frustrés, mais en vie !

Mes pauvres collègues avaient toutes les peines du monde à éloigner les badauds d'un véhicule mal garé en plein carrefour, au pied du panneau indiquant le début de la rue Tristan, dans le quartier du Braden. Une personne venait de perdre la vie et certains esprits tordus s'efforçaient, par tous les moyens, de tendre leur portable pour récupérer une photo du corps ! Pour l'envoyer rapidement par texto, en pleine nuit, à toutes leurs relations ! Car tel était l'un des nouveaux jeux à la mode. Et si, par chance pour eux, il s'agissait d'une personne un peu connue, peut-être même parviendraient-ils à la vendre à un journal… Et si vous leur faisiez remarquer le cynisme de leur comportement, ils vous répondraient avec un aplomb désarmant : « Il faut bien que tout le monde vive ! » Sans parler de tous ces autres, dans les immeubles alentours, penchés à leur fenêtre, ne ratant rien des allées et venues des bleus, sous la clarté orangée des gyrophares de leurs véhicules. En me voyant, le brigadier de la patrouille s'approcha de moi en me saluant :

— Heureux de vous revoir à Quimper, Capitaine, on se réjouit tous de votre retour ! La ville a besoin de bons enquêteurs… Je suis le chef de la patrouille qui a découvert la victime. On allait verbaliser cette voiture mal garée quand on a constaté la présence des clés de contact près du volant et un sac à main sur le siège arrière. Cela nous a semblé suspect, à cette heure tardive. On a effectué le tour du véhicule et, en ouvrant le coffre, on a fait cette macabre découverte. Je me suis permis d'extraire les papiers du portefeuille trouvé dans le sac : la victime se nomme Marine Chacun, elle a 32 ans et, d'après les photos, elle est mariée et mère d'un enfant. Le médecin légiste ne va pas tarder à arriver…

Je me penchai vers le coffre, éclairé par la torche d'un collègue, et découvris d'abord un visage presque détendu, souriant, persillé de petites taches de rousseur. Je compris, en constatant les marques de doigts sur son cou, que la malheureuse avait été étranglée par des mains solides. L'assassin ne devait même pas porter de gants, laissant sur la chair tendre des empreintes distinctes et exploitables. Et que dire des cuisses, sous la robe retroussée, meurtries par les ecchymoses et les griffures, comme si le satyre s'était acharné sur elle, dans une frénésie criminelle et perverse ! Au début de rigidité cadavérique de la nuque et des mâchoires, les premières parties du corps humain à perdre leur élasticité, j'évaluai la mort à trois heures, pas davantage, soit aux alentours de vingt-deux heures.

Pour mon retour définitif à Quimper, le destin me servait un bien affreux cadeau de bienvenue ! Malgré tout, je ne regrettais pas d'avoir remplacé Carole au pied levé ; je connaissais peu de chose sur l'existence passée de ma collègue, suffisamment, néanmoins, pour savoir qu'un tel tableau remuerait en elle des souvenirs enfouis, de ceux dont une vie entière ne suffit pas à permettre d'oublier chaque seconde ! Un tel événement risquait de faire ressurgir instantanément, du tréfonds de son âme, des relents acides de la barbarie de nos semblables…

Pourtant, des détails ne collaient pas dans le tableau abominable qui se révélait à mes yeux. Cette fille possédait encore un visage détendu, dénué de tout signe de souffrance, comme si la mort l'avait happée en plein bonheur ! Si son corps portait les stigmates de violences physiques, elle était toujours vêtue de son slip, ce qui indiquait presque avec certitude qu'elle n'avait pas été violée. Pourtant, elle était une jeune et fraîche jeune femme qui n'aurait pas laissé insensible un pervers. Aussi m'interrogeai-je déjà sur l'identité du coupable : un proche, parent, voisin, collègue ou ami ? Une femme, rivale ou jalouse ? Un individu au-dessus de tout soupçon, policier, gendarme, pompier, prêtre ?

— Pardonnez-moi, je ne me ferai jamais à la vision de cadavres de jeunes femmes qui ne demandaient qu'à profiter de la vie ! s'excusa Dominique en se rapprochant de moi, un mouchoir à la main pour s'essuyer la bouche. Pourquoi certains individus se montrent-ils aussi abominables avec leurs semblables ? Le plaisir de voir souffrir son prochain ? Une vengeance barbare pour sanctionner un adultère ou une autre faute ? Que reste-t-il de l'âme humaine chez ceux-là ?

— Peut-être que nous ne sommes pas aussi éloignés des bêtes sauvages qu'on veut bien nous le laisser croire… répondis-je, désabusé. Mon expérience du terrain m'a, hélas, appris à ne plus m'étonner des perversités de la nature humaine. L'homme est un loup pour l'homme, l'instinct du prédateur prend de plus en plus souvent le dessus sur les règles de la vie en société ! Celui qui ne cède pas sa place d'autobus à une personne âgée est souvent le même que celui qui ôte la vie d'une jeune mère de famille… Sans jamais parvenir, le plus souvent, à expliquer son geste. L'enfant-roi, incité à se structurer par lui-même, devient vite un être grégaire qui réagit à ses pulsions les plus bestiales ! On a oublié que, pour prétendre à la véritable liberté d'esprit, il convenait de bien maîtriser le cadre de la société dans laquelle nous évoluons, mais c'est un autre débat… Vous me confiez l'affaire, Madame le substitut ?

— Vous aurez les papiers demain matin sur votre bureau ! me répliqua-t-elle en évitant que son regard ne croise à nouveau le corps recroquevillé. Même l'absurde procède d'une logique, Capitaine, un crime n'est jamais gratuit, sa cause possède une racine qu'il convient d'extraire des entrailles de l'âme humaine…

Le brigadier de la patrouille revint vers nous, un

bout de papier à la main, pour nous faire connaître le résultat de son appel au central :

— Il s'agit bien de Marine Chacun, une mère de famille de 32 ans. Son mari et elle, ainsi que leur garçon, habitent Garenne de Kermabeuzen, vers le Moulin Vert. J'ai noté l'adresse exacte, vous allez certainement vous charger d'annoncer la terrible nouvelle à son époux, Capitaine…

De toutes les obligations du métier, celle-là représentait à coup sûr la plus cruelle, la plus douloureuse. Sonner à la porte d'une famille en pleine nuit pour annoncer la mort de l'un de ses membres, cela me tordait toujours les boyaux. Surtout dans des circonstances aussi atroces, même s'il n'existe pas de bonnes manières pour mourir ! Je pensais déjà aux premiers mots que j'allais prononcer, les plus difficiles à sortir, quand une main se posa sur mon épaule :

— Je vous y emmène, si vous le souhaitez, puisque nous faisons équipe sur cette affaire ! proposa la magistrate d'un ton décidé.

— Je ne voudrais pas vous infliger un moment aussi terrible à vivre ! rétorquai-je, un peu faux jeton, car la présence de Dominique m'agréait vraiment. La déchirure d'une famille meurtrie est souvent plus pénible à subir que la vision d'un corps sans vie…

— À deux, beaucoup de moments difficiles semblent moins pénibles à supporter, Capitaine !

J'acceptai. Le temps de laisser quelques consignes

au brigadier de la patrouille et à l'équipe de la scientifique qui venait d'arriver sur place, et je grimpai dans sa vieille voiture aux portières aussi fatiguées que le moteur, de plus en plus poussif. Les priorités de la propriétaire se situaient ailleurs que dans la mode, la passion automobile ou même les considérations esthétiques et autres artifices de séduction... C'était surtout pour cet aspect authentique de sa personnalité que je l'appréciais plus que toute autre femme ; elle ne jouait pas un personnage, elle se livrait sans fard, au propre comme au figuré, quand elle se présentait à vous. Elle me pria de la guider jusqu'à Kermabeuzen car elle n'avait pas encore bien intégré le plan de Quimper. Elle me demanda des nouvelles de Sarah, ma fille : je lui expliquai qu'elle passait le week-end aux Glénan, en compagnie de Rose-Marie, sa collègue et amie antillaise, convaincue que je n'arrivais que le lendemain en soirée. Toutes deux désiraient s'initier à la voile.

Dans le TGV qui me menait de Montparnasse à la pointe de la Bretagne, j'avais imaginé ma première soirée à Quimper. Ma fille aurait préparé une fête simple mais chaleureuse à mon intention, tous mes amis auraient été réunis pour la circonstance : les collègues du commissariat, les potes d'enfance que j'avais retrouvés à mon retour dans ma ville natale et bien sûr Dominique, laissée dans le doute sur mon possible retour, sur le parvis de la gare, à l'instant du départ vers Paris. J'avais imaginé les multiples facettes de la fête, je n'avais pas songé que je me trouverais aussitôt dans le vif du sujet, sans même le temps de défaire mes valises, de prendre une douche et de changer d'habits ! Mais Marine Chacun n'avait certainement pas non plus imaginé croiser la route d'un criminel au cours de sa soirée...

Le quartier de Kermabeuzen avait changé depuis l'époque où, jeune sportif, je traversais la ville pour venir jouer sur le terrain de foot, au bout du chemin, au creux de la cuvette entre les collines. Je me souvenais encore comme on lavait nos chaussures à crampons dans le petit ruisseau qui bordait l'aire de jeu. Allez demander cela, de nos jours, aux futurs Benzema et Gourcuff... Sur mon conseil, Dominique s'enfila dans une rue qui se trouvait être la bonne et, en s'avançant, on nota une lumière éclairant le perron d'une bâtisse relativement moderne et, sur le poteau de ciment tenant le portail, un numéro, le douze, le bon ! On respira tous deux un bon coup, puis on sortit du véhicule. Un coup de sonnette et le couloir s'éclaira rapidement, la porte en partie vitrée s'ouvrit. Un homme sortit en survêtement, un peu plus de trente ans, présentant bien, malgré un visage déformé par l'inquiétude.

— Capitaine Paul Capitaine ! annonçai-je en sortant ma carte de police. Voici le substitut du procureur Dominique Vasseur...

— Il est arrivé un accident à Marine, c'est cela ? coupa-t-il en ouvrant un battant du portail. Je tente en vain de l'appeler pour savoir pourquoi elle n'est pas encore rentrée ! Elle est où ? Elle est à l'hôpital ? Ne me dites pas que… Mais bien sûr, pour qu'un magistrat se déplace, elle est morte ! C'est arrivé comment ? Où est-elle ? Je veux la voir ! Mais parlez, bon sang !

— Oui, elle est morte, je suis désolé ! balbutiai-je avec difficulté. Nous vous exprimons toutes nos condoléances… Peut-on rentrer un moment, s'il vous plaît ?

— Oui, bien sûr, excusez-moi… Ne parlez pas trop fort, le petit dort ! Mon Dieu, quand il va savoir ! Elle est morte dans un accident de voiture, c'est cela ? Elle avait horreur de conduire la nuit. Je n'aurais jamais dû la laisser…

— Non, il s'agit d'un meurtre ! précisa Dominique en s'approchant du mari. Votre épouse a été retrouvée étranglée dans le coffre de sa voiture ! Pour être certains qu'il s'agit bien d'elle, nous allons devoir vous demander de venir identifier le corps à la morgue. Son sac a été retrouvé auprès d'elle, avec les papiers d'identité, voilà pourquoi nous sommes venus vous prévenir aussitôt… Je vous présente toutes mes condoléances, monsieur Chacun.

— Elle a été… Il a… A-t-on abusé d'elle ?

— Nous ne le savons pas encore, il faut attendre les résultats de l'autopsie du médecin légiste, expliquai-je aussitôt, avant de livrer mon impression. Cependant, je ne pense pas qu'elle ait subi de sévices sexuels.

— Une autopsie ! Ma Marinette... Je n'aurais jamais dû la laisser partir toute seule !

L'homme nous installa dans le salon, se servit un fond d'une bouteille de lambic qui traînait sur la table basse et l'avala aussitôt. Il nous apprit qu'il se prénommait Sylvain et travaillait au Conseil Général en qualité d'agent administratif. Il parlait comme un robot, regardait dans le vide, se frottait les yeux. Il semblait à des années-lumière de la nouvelle qu'on venait de lui apprendre, incapable de crier, de pleurer, d'en vouloir à la terre entière. Alors il parlait, il meublait le silence, il laissait le temps à la douleur de passer du cerveau au cœur. Le couple était marié depuis trois ans et avait un gamin, Théo, qui dormait à cette heure. En fin d'après-midi, Marine avait reçu un message d'une copine d'enfance qui lui annonçait une surprise. Elles s'étaient donné rendez-vous à Penvillers. En ce samedi soir, il était prévu une soirée celtique et Marine adorait danser, comme sa copine Morgane. Pas Sylvain et puis il fallait que l'un des deux reste garder Théo... Elle était partie vers vingt heures, dans une tenue commode pour se trémousser au son des binious : une robe courte et légère, une veste en tissu, des chaussures en toile et un petit sac à main. Il n'aimait pas trop la voir partir ainsi vêtue, il existait tant de cinglés sur la planète ! Seulement, elle avait 32 ans et aimait la fête alors que lui, pas trop ! Et il se savait un peu vieux jeu, surtout sur les aspects vestimentaires, alors il fermait les yeux et ravalait ses reproches. Elle jouait toujours la jeune fille, malgré la maternité ; en fait, elle refusait de grandir.

Elle avait promis de ne pas rentrer trop tard, d'ailleurs Morgane n'était pas une couche-tard. Il l'attendait en regardant la télé, il n'avait jamais pu s'endormir en son absence. Et puis il y avait la soirée de championnat sur Canal+. En lui-même, il trouvait qu'elle exagérait un peu, car elle était mère de famille, ce qui lui donnait de nouvelles responsabilités. Malgré tout, il ne voulait pas l'enfermer dans une cage. Il ne voulait pas gâcher son plaisir et se promettait de ne lui adresser aucun reproche quand elle rentrerait. En entendant une voiture, il avait cru que c'était elle, il était soulagé. Quand la sonnette avait retenti, il avait pensé qu'elle avait oublié son trousseau de clés et ne pouvait rentrer… En voyant la carte de police devant son nez, il avait compris aussitôt…

— Marine était coiffeuse dans le salon Infinis Tifs, rue Kéréon, poursuivit-il sur le même ton monocorde en allant chercher une bouteille de cognac. Jamais je n'aurais imaginé vivre auprès d'une femme aussi merveilleuse ! D'une douceur extrême ! Belle comme une madone et fraîche comme un paysage printanier ! Le hasard avait voulu qu'on se rencontre à une fête de quartier, ce fut le coup de foudre. J'aurais été trop timide pour accomplir le premier pas ; Marine a pris les devants. Nous étions heureux quand nous étions tous les deux… Puis tous les trois… Agressée par un détraqué sexuel ! Encore un de ces gars qu'on relâche dans la nature et qui s'en prennent à la première fille vulnérable qui se trouve sur leur chemin… On va vous emmerder pour des peccadilles et on laisse des cinglés…

— Votre épouse vous avait-elle parlé d'un individu qui aurait rôdé autour d'elle, ces derniers jours ? coupa Dominique pour recentrer la conversation. Un homme qui l'aurait abordée dans la rue, un client du salon au comportement un peu bizarre, une vieille connaissance qui serait revenue à la charge, un ancien petit ami un peu aigri qui lui aurait adressé des reproches…

— Non, jamais ! Pourtant, on se disait tout, depuis notre mariage ! Et elle avait horreur d'être importunée par des petits dragueurs insolents ! Il faut dire qu'elle avait eu son lot de pots de colle, avec son titre de Reine des Mouettes, à Douarnenez ! J'aurais aimé la connaître à cette époque, je ne l'ai vue qu'en photo. Tenez, regardez-la, dans le cadre au-dessus de la télévision. Elle est magnifique sur ce cliché !

— Possédez-vous les coordonnées téléphoniques de son amie Morgane ? intervins-je pour faire avancer les recherches. En la contactant, vous saurez si toutes les deux ont passé la soirée ensemble…

La réponse embrumée de l'amie, tirée de son sommeil au cœur de la nuit, fut sans appel : elle n'avait jamais adressé de message à Marine. D'ailleurs, dans la semaine, elle avait perdu son portable. Au fil de la conversation, face à l'insistance du mari et au ton de sa voix, elle chercha à en savoir davantage, pensant que Sylvain soupçonnait une infidélité de son épouse. Quand elle apprit le drame, elle ne put prononcer un mot de plus et promit d'arriver dès que possible pour soutenir Sylvain et Théo. Comme je me levais pour prendre congé, estimant avoir assez importuné cet homme totalement abattu qui, pour autant, ne réalisait pas encore la situation dramatique qui l'accablait, Dominique questionna à nouveau le mari :

— Une autre Reine des Mouettes n'aurait-elle pas été victime d'un meurtre à Douarnenez, voilà quelques semaines ? Il me semble que dans un dossier que j'ai transmis récemment pour instruction au juge Jouvain, il est déjà question de cette fête folklorique… Votre épouse ne vous aurait-elle pas mentionné ce détail qui pourrait s'avérer important ?

— Si, il me semble, réfléchit le mari, une fille qui, elle aussi, se prénommait Marine, d'ailleurs ! Mon épouse la connaissait vaguement, même si l'autre lauréate était plus jeune. Vous pensez qu'un détraqué s'en prend à toutes les reines des Mouettes ?

— Pour l'heure, je ne pense rien, j'essaie juste de rassembler des faits, des indices, des détails, répondit

Dominique en se levant à son tour pour prendre congé. Le capitaine ou moi-même reprendrons contact rapidement pour vous tenir informé du déroulement de l'enquête et déjà, dès demain matin, pour aller reconnaître le corps à l'Institut médico-légal ! Par ailleurs, si vous avez besoin d'un soutien psychologique, je peux vous fournir l'adresse d'une personne qualifiée. Une fois de plus, monsieur Chacun, toutes nos condoléances ! Juste un dernier détail : votre épouse avait-elle encore ses parents ?

— Bien sûr ! Les patrons de la pâtisserie Urvoas de Douarnenez, l'une des plus connues de la ville ! Les pauvres, ils vont accuser le coup, eux aussi, Marine était leur fille unique... Tout cela à cause d'un détraqué ; dans quel monde vivons-nous !

Une fois tous deux installés dans la voiture, Dominique réitéra son impression : elle détestait ces hasards qui n'auguraient jamais rien de bon. Elle me demanda de passer à son appartement car elle avait justement réclamé au juge une copie du dossier qu'elle étudiait chez elle pour meubler son week-end de permanence. Les gendarmes de Douarnenez, à qui l'enquête avait été confiée, piétinaient, faute d'indices. Peut-être qu'à deux paires d'yeux, même à cette heure avancée de la nuit, un détail essentiel se révélerait... De toute manière, sachant que, dans quelques heures, il me faudrait accompagner Sylvain Chacun à la morgue, puis me rendre à Douarnenez pour prévenir les parents de la victime, je n'allais pas prendre une chambre d'hôtel. Et puis Dominique devait signer les papiers officiels me chargeant de l'enquête sur ce meurtre et sur le précédent. Elle m'expliqua que, si les deux affaires étaient liées, le juge Jouvain ne pourrait dessaisir les gendarmes en charge du premier crime. Elle me promit d'y réfléchir, d'en parler avec son collègue magistrat et de trouver un bon compromis.

L'appartement de Dominique n'avait pas changé, ni dans l'agencement du mobilier, ni dans l'harmonie de la décoration. Il possédait toujours cette atmosphère à la fois surannée et confortable, ce parfum vieille France auquel je m'étais attaché, même si je n'avais jamais eu l'opportunité d'y installer mon pyjama et ma brosse à dents. Elle me proposa un café et se dirigea vers la cuisine sans même attendre la réponse. Puis elle me suggéra de m'installer dans l'un des fauteuils du salon, de préférence pas celui où deux aiguilles à tricoter étaient posées parmi des pelotes de laine, avant de revenir avec un classeur dont elle me pria de consulter le contenu, le temps pour elle de se changer.

Elle revint peu après, vêtue d'une tenue de jogging fuchsia au-dessus de laquelle elle avait enfilé un poncho multicolore. Pour l'harmonie des couleurs, c'était encore raté, mais entre nous... Elle tenait dans ses mains deux mazagrans qu'elle posa délicatement sur la table, avant de retourner à son bureau chercher ses lunettes.

J'avais eu le temps de consulter les procès-verbaux et le rapport du légiste, documents qui me permettaient d'assurer que nous avions affaire au même assassin, allégation qui se confirmerait certainement si l'autopsie de Marine Chacun révélait qu'elle non plus n'avait pas subi de sévices sexuels, du moins de viol avec pénétration. Ce qui tendrait à accréditer deux pistes divergentes : soit les actes d'une fille jalouse, infortunée rivale des deux reines, soit ceux d'un impuissant ou d'un malade incapable d'aller au bout de son fantasme. Dans le premier des cas, les concurrentes défaites se trouveraient sur la liste des suspects. Dans le second, il faudrait ratisser plus largement : à commencer avec les habitués des parades folkloriques, en s'inquiétant de savoir si des forfaits identiques n'avaient pas été perpétrés envers des reines d'autres fêtes celtiques. Ce qui, dans un cas comme dans l'autre, nous promettait une belle panique dans la région !

— Nous ne sommes donc pas au bout de nos peines ! soupira Dominique en se pelotonnant dans son poncho. Il ne s'agit pas de créer un climat de psychose sur la Bretagne. Nous devons nous montrer efficaces dans l'approche de ce dossier. D'accord, je vous confie les deux affaires et je vais expliquer ma décision au juge Jouvain. Sarah vous épaulera. Ainsi, au moins, j'aurais des comptes rendus réguliers ! Vous allez travailler tous deux en équipe avec l'adjudant-chef

Troupel et le brigadier Podolski de la gendarmerie de Douarnenez et je ne veux pas de guéguerre entre les uns et les autres, d'autant que désormais, le rapprochement est avéré entre police et gendarmerie. J'entends donc que la coopération soit franche et loyale ! C'est bien compris ?

— Bien, Madame le substitut !

— Paul, je pensais que ce genre de réaction stupide vous aurait quitté à votre retour en Bretagne... Vous savez combien j'ai horreur que vous m'appeliez de la sorte ! Cela signifie-t-il que j'ai usé d'un ton autoritaire et sentencieux pour vous interpeller ? Ou pire encore : que mes recommandations sont entrées par l'une de vos oreilles et aussitôt sorties par la seconde, sans s'imprimer le moins du monde dans votre cerveau, car vous savez pertinemment que vous n'en ferez qu'à votre tête ?

— Pardonnez-moi, si vos paroles cachaient un message subliminal de tendresse, je suis encore passé à côté ! Puis-je me reposer une heure ou deux sur votre canapé, avant de rejoindre l'IML en taxi, puis de me rendre à Douarnenez ?

— Il n'en est pas question, je vous accompagne auprès des parents ! Ensuite, je tiens à établir moi-même le lien avec l'adjudant-chef Troupel. Je ne veux aucune ambiguïté, aucune mauvaise interprétation de mes directives...

— Et pour le canapé, je peux ?

— Utilisez le lit de la chambre d'amis, vous serez mieux ! Mais enlevez le dessus-de-lit avant de vous allonger, il est fragile, un souvenir rapporté d'un voyage à Beyrouth… Et puis maniez avec précaution les deux poupées de porcelaine qui s'y trouvent en décoration, il s'agit de pièces uniques, irremplaçables ! Vous prendrez soin d'ôter vos chaussures, avant de poser le pied sur le parquet verni…

— À vos ordres, Madame le… Merci beaucoup, Dominique !

Trois heures plus tard, la magistrate me conduisit au centre hospitalier Laennec où elle m'attendit dans la voiture, inquiète de contacter le juge Jouvain, qu'elle appréciait beaucoup et avec qui elle ne désirait pas se brouiller. Dans le même temps, je rejoignis Sylvain Chacun, pour le diriger jusqu'à la salle réfrigérée où reposait le corps de son épouse. Cette fois, devant le cadavre rigide et le visage livide de Marine, il réalisa réellement que tout était fini et il poussa un cri de détresse ou de colère. Pour moi, un fait comptait avant tout, l'identification de la victime, et il s'agissait bien de Marine Chacun. Je pris Sylvain par le bras pour le mener hors de la pièce et le reconduire vers la voiture où l'attendait sa famille. Il avait pris soin de ne pas avertir les parents de son épouse, me laissant la charge de cette mission peu agréable.

La pâtisserie Urvoas était située dans la rue Jean Bart, en plein centre-ville. Malgré l'heure matinale, les premiers clients faisaient déjà la queue dans la boutique, sur la vitrine de laquelle une inscription affichait la couleur : « Ne quittez pas Douarnenez sans avoir goûté le véritable kouign amann ! » Dominique me demanda ce dont il s'agissait. Je lui évoquai la spécialité locale, objet de culte dans le pays, et me permis de rajouter un souvenir personnel : dans ma jeunesse, mes parents faisaient parfois spécialement l'aller-retour Quimper-Douarnenez, pour acheter le véritable kouign amann à cette adresse. « Ce doit être gras ? » me questionna la gourmande qui maniait à la perfection l'art de se plaindre de ses douze kilos superflus et de justifier chaque écart de régime par un prétexte.

— Pas beaucoup plus qu'une glace américaine surmontée d'une portion de crème chantilly aussi haute qu'une coiffe de Bigoudène...

— Combien de temps allez-vous me rappeler cette anecdote qui semble vous avoir bien plus affolé que l'aiguille de ma balance, soit dit en passant ! s'emporta Dominique en me foudroyant du regard. Dès que je tente de montrer un peu de naturel, je me trouve reprise aussitôt ! C'est agaçant, à la longue... Je vous reproche vos frasques amoureuses, moi ?

— Quand cette affaire sera réglée, je vous inviterai à une dégustation de kouign amann ! Pour l'instant, je ne sais comment nous allons nous y prendre, avec les clients qui se succèdent d'aussi bonne heure ! Ils doivent avoir une employée, allons-y ! Ils sont là, heureux dans leur boutique, le sourire aux lèvres face aux habitués de leur magasin, et nous allons les briser pour la vie, en quelques paroles...

— Admirable dimanche ! soupira Dominique en m'emboîtant le pas. Au réveil, identification de cadavre à la morgue avec un époux transformé en zombi... Un peu plus tard, conséquences logiques du réveil matinal du juge Jouvain par mon appel téléphonique, ton de reproche et accord presque forcé... À présent, l'annonce à de braves commerçants de la mort de leur fille unique... Il est des jours où je déteste ce que je fais de ma vie !

Dès la première phrase par laquelle je laissais sous-entendre la terrible nouvelle, Fanch Urvoas, un solide breton un peu plus âgé que moi, serra les dents et les poings. Un uppercut venait de lui bloquer les mâchoires et les bras.

À côté de lui, son épouse Maïté, une brunette de la même génération, qui trompait son monde avec un visage rond de poupée, pleurait comme une madeleine. Dans un effort surhumain, le pâtissier parvint à ouvrir sa main pour la poser sur le poignet de sa femme et le caresser sans rien dire. Dominique parlait avec une apparente froideur mais beaucoup de tendresse. Je l'admirais de parvenir à donner les détails essentiels sans trembler, à manier la précision de l'enquête avec l'affection qu'étaient en droit d'attendre des parents sur la tête de qui venait de s'abattre le ciel entier, avec toutes ses planètes.

— Nous pensons qu'il existe un lien entre la mort de Marine et son titre de reine des Mouettes... poursuivit la magistrate, passant outre la détresse abyssale de ses interlocuteurs. Une relation à déterminer encore, entre son meurtre et celui de Marine Plomeur, voilà dix semaines. Il est certes trop tôt pour privilégier une piste, cependant j'aimerais savoir si l'élection de votre fille a fait des jalouses parmi ses concurrentes... Je pense particulièrement à une candidate qui se serait présentée à plusieurs reprises et n'aurait jamais été retenue... Votre fille n'a jamais subi de réactions virulentes de la part de l'une de ses rivales ?

— Non, qui aurait pu en vouloir à notre bébé ? parvint à répondre la maman en prenant sur elle pour contenir ses sanglots. C'était un amour de jeune femme sans complications, qui voulait le bonheur du monde... Et puis, Reine des Mouettes, ce n'est pas Miss France ! Cela ne rapporte rien de plus que le plaisir de défiler devant le public sur un joli char et la joie de voir son nom gravé à jamais dans l'histoire de la ville ! On ne se souvient d'une reine que par les photos qui immortalisent l'événement, rien de plus...

— Votre fille avait-elle des contacts réguliers avec l'autre Marine ? questionnai-je à mon tour.

— Pas vraiment ! Marine Plomeur était vendeuse chez un chausseur de Douarnenez, alors que la nôtre avait fait sa vie à Quimper. Elle venait nous voir certains dimanches, avec Sylvain et leur bout de chou. On allait manger ensemble au restaurant. Avec notre travail, il ne m'était pas facile de préparer un déjeuner correct... Elle avait tout pour vivre heureuse ; d'ailleurs, c'était un véritable rayon de soleil ! Et vous pensez que c'est une rivale jalouse qui aurait...

— Non, coupai-je promptement, c'est une piste parmi d'autres ! Il peut aussi s'agir d'un désaxé qui fantasme sur les reines de beauté dont le prénom est Marine... Ou seulement une mauvaise rencontre et une simple coïncidence par rapport à la mort de Marine Plomeur... Nous serait-il possible d'inspecter sa chambre de jeune fille, car je suppose qu'elle en possède toujours une chez vous...

La famille habitait à l'étage et les murs étaient tapissés de photos de Marine dans son costume traditionnel. Il paraissait difficile d'imaginer que la propriétaire de ce visage pétillant de vie et baigné de douceur reposait à cette heure à la morgue de Quimper. La maman nous avait accompagnés et elle-même ne parvenait pas à se résigner à parler de son enfant au passé. Elle nous avoua avoir perdu sa fille une première fois, quand elle avait décidé de prendre un studio à Quimper pour s'épargner le trajet quotidien ; une seconde, quand elle s'était mariée, même si elle avait trouvé un époux merveilleux ! Sylvain avait beaucoup de qualités, bien que les relations ne fussent pas faciles avec lui : il était si réservé et timide. Elle nous ouvrit la porte de la chambre de Marine en tentant de nous dire que rien n'avait changé depuis son départ. Là aussi, des photos de la Fête des Mouettes ornaient les murs, au milieu de vues de Douarnenez, du Port-Rhu, de l'île Tristan, de la rentrée des chalutiers, suivis par des vols de mouettes. Et puis, une immense affiche de l'opéra Tristan et Isolde de Wagner ; ce titre devait lui rappeler la légende celte dont la ville de Douarnenez se sentait un peu dépositaire… Dominique avoua avoir eu l'occasion d'assister à ce spectacle à Marseille, voilà quelques années. Sur les étagères, des disques anciens, des cassettes, des CD, quelques DVD enregistrés, une chaîne hi-fi ancienne, un mannequin d'osier portant la tenue folklorique qu'une couturière avait réalisée spécialement pour Marine. La maman avoua que sa fille ne l'avait plus portée depuis son mariage ; elle avait tourné la page ! disait-elle. Pourtant, elle avait réclamé à sa mère de ne jamais se séparer de ce souvenir qui la touchait toujours.

Quand on redescendit dans l'arrière-boutique, le papa Urvoas se trouvait toujours assis à la table, les poings à nouveau serrés. Il ne parvenait pas à réaliser le drame, il semblait ailleurs. Qui aurait pu lire les pensées assassines qui circulaient dans sa tête ? Sa femme semblait prendre davantage le dessus ; en apparence, certainement…

— Nous vous promettons de retrouver le coupable de ce meurtre et de ne pas laisser ce crime impuni ! lança Dominique avec solennité et détermination. Toute la lumière sera faite aussi vite que possible sur cette tragédie, pour que vous puissiez entamer le travail de deuil de votre enfant. Nous vous tiendrons au courant des avancées de l'enquête...

Spontanément, la magistrate s'avança vers la maman qui venait de craquer d'un coup et de fondre en larmes. Elle la prit dans ses bras, tête posée sur sa robuste épaule. Le papa se leva à son tour, avec beaucoup de difficulté. Il me tendit sa main toujours fermée, décontracta ses phalanges, puis il grommela :

— Si le salaud qui a fait cela à ma petite fille tombe entre mes pattes, croyez-moi, je vous épargnerai un procès ! Je m'en fous des conséquences, il n'avait pas le droit ! Pas elle, pas ma petite, elle ne méritait pas de mourir ainsi !

— Laissez-nous le retrouver, monsieur Chacun, cela vaudra mieux pour tout le monde ! lui murmurai-je en lui serrant les avant-bras. La violence ne résout rien...

— On travaille toute une vie comme des forcenés et lorsqu'on pense que le plus dur est derrière vous, la pire des tuiles vous tombe dessus ! Comment voulez-vous qu'on n'ait pas envie de faire sa propre justice, après cela ? Quand vous voyez tous ces petits loubards qui traînent dans les rues et qui ne respectent plus rien… Je sais bien que de buter ce petit con ne nous ramènera pas notre fille, mais, au moins, puisque je n'ai pas pu la protéger, je l'aurai vengée…

— Êtes-vous certain qu'elle aurait aimé vous voir agir ainsi ? exprimai-je en désespoir de cause. Marine était douce, elle aimait les gens, elle voulait juste vivre en paix…

— Ça, c'est bien vrai, mon bon monsieur ! acquiesça la maman avant de se moucher un bon coup. Elle avait horreur des gars qui se battaient, des bagarres dans les boîtes de nuit et des guerres dans le monde… Elle n'aurait pas fait de mal à une mouche, elle détestait la violence ! Elle rêvait d'un monde si éloigné de celui dans lequel nous évoluons… On vous fait confiance, vous ferez le maximum pour coincer l'assassin !

On se retira sur la pointe des pieds pour rallier l'escalier menant au rez-de-chaussée. En traversant le magasin en sens inverse, il me semblait que tous les regards nous fixaient, affichant des mines de circonstance, comme si les paroles tonitruantes de Fanch Chacun, trop longtemps contenues, avaient traversé les murs de la salle à manger pour se déverser au rez-de-chaussée. Les deux vendeuses avaient sans doute compris qui nous étions, perçu quelques bribes de la conversation initiale et compris le drame qui s'était déroulé dans la nuit… Peut-être en avaient-elles parlé entre elles et les clients avaient relayé la nouvelle, car pareille catastrophe circule vite. Une fois à l'air libre, je sortis de mon apnée pour respirer une bonne bouffée d'air pur, à peine parfumée des arômes envoûtants du kouign amann. Dominique me suivait d'un pas décidé, blanche comme un linge, le visage fermé. Je lui demandai si tout allait bien, vu cette circonstance particulièrement pénible, si elle se sentait la force de poursuivre notre tournée d'enquête par le rendez-vous avec les gendarmes. Une fois de plus, elle me surprit :

— Paul, arrêtez de me materner sans cesse, c'est agaçant à la longue ! Cela fait près de quinze ans que je suis magistrate, j'ai appris à me prémunir contre ce genre d'atteintes ! Dans ce métier, si vous ne savez pas prendre un minimum de recul sur les charges affectives des affaires que vous traitez, comment rendre la justice avec sérénité ? Bon, vous montez ! Vous n'attendez tout de même pas que je vous ouvre la portière ? Si nous voulons prendre contact avec les gendarmes avant l'heure du déjeuner, il ne faut pas traîner !

Une fois sur le court trajet nous menant vers l'immeuble de la Gendarmerie Nationale, relativement proche de l'emplacement de notre place de parking, Dominique se mit à débiter un flot de paroles pas forcément cohérentes. Pour me recommander de ne pas vampiriser l'adjudant-chef Troupel à coups d'arguments tirés de ma longue carrière de flic au parcours atypique, d'écouter ses réflexions et ses analyses, car sa sensibilité valait certainement la mienne. Elle me rappela que c'était elle qui menait les débats, en qualité de magistrate, et m'invita à ne pas intervenir plus que nécessaire pour la laisser établir le contact à sa guise.

On arriva rue Duguay-Trouin et comme le portail situé à l'arrière de la caserne était fermé, on chercha une place un peu plus loin. Je continuais à recevoir la plus fastidieuse et exaspérante leçon de morale depuis la nuit où j'étais rentré au domicile familial, au-dessus de la gare de Quimper, avec deux heures de retard ! J'avais seize ans et, le lendemain, ma mère s'excusait de ne pas m'avoir fait confiance, arguant qu'elle avait eu très peur pour moi. Plus jamais, elle ne m'a adressé un autre reproche ; plus jamais, je n'ai veillé sans lui passer un coup de fil pour la prévenir de ne pas s'inquiéter. Plus de quarante ans, cela fait une paye ! Voiture garée au bout de la petite rue, ceinture détachée, moteur coupé, l'autoradio fonctionnait encore. Je devais absolument débrancher les fils…

— C'est bon, vous avez craché votre fiel ? C'est simple, trouvez un autre enquêteur parmi les effectifs de la police, il n'en manque pas et de plus dociles pour écouter vos invectives ! À présent, à moi de vous dire ce que je pense, Madame “je-sais-tout” ! Pardon, Mademoiselle, je sais que vous y tenez, à votre titre de dame de bonne vertu ! Avec un minimum de tact, on sait qu'il ne faut pas venir annoncer à des parents la mort de leur fille et repartir en leur délivrant le guide du bon travail de deuil, en fonctionnaire indifférent ! D'abord, le travail de deuil, c'est de la foutaise ! On ne fait jamais son deuil de la séparation d'avec un être cher ! On vit en permanence avec son image, on pense s'accommoder de l'absence, en fait, on n'oublie jamais, on saigne toujours à un endroit du corps ! Une plaie s'est ouverte, que l'on soigne tous les jours et qui pourtant ne se referme pas, qui ne guérit jamais ! Le travail de deuil, c'est le discours de ceux qui n'ont jamais profondément souffert dans leur chair. Pour les autres, mieux vaut le silence, rien d'autre que le silence. Et laisser les gens déverser leur colère légitime pour leur souhaiter de goûter ensuite un semblant de paix intérieure… Et l'on est payé combien de l'heure, pour un travail de deuil ? Il est assujetti aux trente-cinq heures, le travail de deuil ? On bénéficie de RTT, pour un travail de deuil ?

J'ignorais ce qui m'avait pris de balancer ainsi une vision personnelle de ce déchirement intime qu'est la séparation. Je me tus et mis un moment avant de tourner mon regard vers Dominique. Je savais déjà une chose : j'avais éteint l'autoradio ! Je craignais même de l'avoir endommagé, brisé à jamais dans ma colère. Je m'apprêtais à m'excuser quand Dominique me devança :

— Je vais téléphoner à l'adjudant-chef Troupel pour lui expliquer que nous sortons juste de notre rencontre avec la famille Urvoas et que nous aurons un peu de retard. Je pense qu'une mise au point s'impose entre nous, Paul ! Si j'ai mal agi auprès de ces gens, je m'en excuse, je ne désirais pas les blesser davantage. Si je vous ai atteint par mes conseils, de même ; mon but n'était pas de vous sermonner. Si vous avez une plaie ouverte et personne auprès de qui épancher les douleurs qu'elle contient, je suis votre amie, quoi que vous pensiez de moi ! Par contre, vous n'avez pas le monopole de la douleur d'une séparation et il s'agit là de sujets sur lesquels nous réagissons tous avec notre propre sensibilité. Je respecte votre approche de la souffrance, je vous demanderai dorénavant de considérer la mienne, bien que différente… À présent, je serais heureuse de prendre un café corsé avant d'affronter la suite du programme, pas vous ?

— Vous voyez ce à quoi vous échappez, chaque fois que je vous quitte pour en rejoindre une autre ?

— Ne soyez pas cynique, Paul, vous ne pensez pas un traître mot de cette parole ! Mettons nos écarts sur le fait que, tous deux, nous avons été chamboulés par la mort tragique de cette jeune femme, que nous n'avons quasiment pas dormi de la nuit, que nous venons d'endurer un moment usant pour nos nerfs, même si les plus à plaindre, en cette matinée, ce sont les parents. Si la justice a besoin de sérénité pour être rendue équitablement, je ne suis pas un robot, je ne suis pas insensible à la misère humaine ni à la détresse des gens. Il ne faut pas s'arrêter à une froideur de façade, aux paroles nécessaires de réconfort, aussi banales que sincères, aux mots qui sortent juste après, comme un exutoire à la tension accumulée… Oh non, je ne suis pas un robot dépourvu d'émotions, encore moins une bureaucrate soucieuse de rester dans les clous ! Cela m'aurait évité bien des soucis, d'ailleurs ! Je suis juste une femme avec ses qualités, ses défauts, sa personnalité complexe et…

— Comment ai-je pu supporter toutes ces années d'errance morale et affective, sans bénéficier, à mes côtés, de votre présence… je cherche le bon qualificatif…

— Enrichissante, bienfaisante, agréable, éclairée, clairvoyante, avisée, intelligente, lucide… Le choix ne manque pas !

— Voilà, j'ai trouvé : divinement exaspérante !

II

L'adjudant-chef Gildas Troupel avait une quarantaine d'années, une épaisse chevelure châtain clair et un regard noisette auquel Dominique n'était certainement pas restée insensible, quand il était venu lui présenter son rapport au palais de justice de Quimper, ce qui expliquait son empressement à aller le saluer. Il se dégageait de lui une sérénité et une force positive de bon aloi en cette journée si difficile pour nous. Il s'excusa aussitôt de l'absence de sa coéquipière, le brigadier Eva Podolski, de repos pour le week-end. Il s'empressa de nous faire savoir qu'il avait appris la mort de Marine Chacun par ses collègues de Quimper et qu'il se sentait un peu responsable de ce drame, puisqu'il s'avérait que les deux affaires étaient liées. S'il avait déjà arrêté le meurtrier de la première Mouette, la seconde serait encore en vie…

En patronne des deux enquêtes, Dominique posa rapidement les données, les rares indices, les pistes à explorer, les premiers travaux à effectuer pour restreindre le champ d'investigations. Éliminer définitivement les pistes familiales, professionnelles, pour se concentrer sur les points communs dans les activités secondaires des victimes. Ensuite, il conviendrait de s'assurer que le lien entre les deux meurtres était bien avéré, pour croiser les indices et serrer le profil du suspect. Elle demanda également au gendarme de constituer un dossier complet sur la Fête des Mouettes, le parcours des reines élues ces dernières années, les personnes qui gravitaient autour de l'organisation, mais aussi de songer à la protection des anciennes lauréates, pour ne pas se trouver, dans les prochaines semaines, avec un troisième cadavre sur les bras si, par grand malheur, nous étions en présence d'un tueur en série.

— Dès ce matin, comme j'avais un peu de temps de libre, j'ai commencé à glaner des informations sur ce sujet, Madame le substitut ! annonça Gildas Troupel en tendant un premier travail à Dominique. Le président du comité de la Fête des Mouettes se nomme Gilbert Lamy et je lui ai passé un coup de fil. Il se tient à notre disposition pour fournir toutes les informations dont nous pourrions avoir besoin. Il m'a également appris que la prochaine édition décernerait un titre de “Reine des reines”, auquel il souhaitait voir postuler les dix lauréates depuis que la manifestation a été relancée. Enfin, plus que huit, à présent, ce qui nous offre une nouvelle piste à envisager…

— Encore sept crimes et nous aurons le nom de l'assassin ! murmurai-je entre mes dents, souffrant d'une évidente mise à l'écart dans ce passionnant dialogue.

— Capitaine, nous parlons de jeunes femmes, pas des cartes d'un jeu de huit américain ! s'insurgea Dominique, contrariée de voir que notre discussion du café ne m'avait pas calmé. À la lumière de cet élément nouveau, il me semble urgent de placer les huit prétendantes sous protection, sans pour autant ameuter la région. Si vous n'y voyez aucun inconvénient, Messieurs, rendez-vous demain matin à dix heures dans mon bureau du palais de justice de Quimper ! Chacun de vous avec sa coéquipière, bien sûr. Adjudant-chef, nous n'allons pas vous déranger plus longtemps, vous devez avoir une femme qui a déjà préparé le repas, des enfants qui attendent leur père pour le déjeuner en famille, avant que vous ne partiez tous ensemble en promenade...

— Erreur, Madame le substitut, je suis encore célibataire, faute d'avoir trouvé la perle rare qui accepterait de vivre avec un vieux loup solitaire et souvent taciturne, qui plus est dans les bâtiments d'une caserne de gendarmerie où l'intimité se circonscrit au huis clos de sa conscience. Et s'il m'arrive de dialoguer avec une femme digne d'intérêt, les conversations tournent très court puisque, dès que le sujet du métier est abordé, je me referme comme une huître, toute divulgation de sujets relatifs à nos missions nous étant interdite. À moins de rencontrer une collègue, seulement dans nos corps, les éléments féminins ont été engagés depuis trop peu de temps pour que nous en croisions de notre génération… Je dis cela car je vous sais dans la même situation, Capitaine. Difficile, dans nos métiers, de concilier vie professionnelle et vie privée !

— Par chance pour nous, répliquai-je, volontiers sarcastique, Madame le substitut est toujours prête à se couper en quatre pour rendre le quotidien de ses enquêteurs plus supportable. Finalement, beaucoup d'huîtres autour d'une seule perle !

Une fois de plus, alors que Gildas Troupel sourit en se demandant à quel degré prendre ma boutade, Dominique me foudroya du regard, agacée par mon comportement de potache. On salua le gendarme, on quitta la caserne sans que la magistrate ne dise un mot et, une fois tous les deux arrivés à hauteur de sa voiture, j'imaginais qu'elle allait me demander de rentrer à pied à Quimper. Nouvelle surprise, il n'en fut rien. Elle regarda sa montre et me questionna sur les bonnes adresses de restaurants de la région. Je lui rappelai que nous étions de permanence, astreints l'un et l'autre à ne pas quitter la ville sans raison majeure. Informer des parents de la mort de leur fille en était une ; prévenir un substitut des risques de l'anorexie, pas forcément ! Je venais de réussir à la faire éclater de rire. Elle suggéra d'aller chercher des pizzas et de les manger chez elle, avant de rajouter :

— Et ne me proposez pas de rester déjeuner auprès de Gildas Troupel, il n'est pas très agréable de se sentir l'objet d'une jalousie entre deux mâles dominants ! Je n'en suis pas coutumière et ces enfantillages doivent avoir une fin, ne pensez-vous pas ? Ainsi, en venant chez moi, vous ne serez pas loin de votre bureau. Et si vos actes suivent vos paroles, si la réputation que vous taille Julie, mon adorable secrétaire, n'est pas usurpée, si vous êtes fou de mon corps, comme vous le prétendez, nous trouverons certainement un moyen d'agrémenter un dimanche par ailleurs bien morose… Puisque vous voilà de retour à Quimper, autant passer au plus vite des promesses aux actes…

Elle avait parlé avec au coin des lèvres ce petit sourire de la femme qui maîtrisait l'art du contre-pied, y puisant un plaisir extrême. Elle se plaça au volant, sans même attendre ma réponse. Je m'installai à ses côtés sans sourciller. Redevenue sérieuse, elle me questionna très vite pour savoir si je privilégiais une piste. Je lui répondis que non ; cependant, à mon sens, le titre gagné par les deux victimes avait son importance. Le prénom pas forcément, même il s'agissait d'un détail subsidiaire à ne pas négliger. Pour avoir scruté le corps de Marine Chacun, je pensais évident d'écarter la piste d'une rivale vengeresse ; ces traces ressemblaient aux gestes d'excitation d'un garçon qui veut passer d'un fantasme à l'acte sans y parvenir et se défoule sur les plaisirs qu'il lui reste : les attouchements, les palpations, les jouissances externes, sensorielles et non purement sexuelles. Un frustré de l'amour qui doit vivre dans une chambre tapissée de photos de chacune des reines et qui choisit, chaque nuit, la belle auprès du corps de laquelle il va s'endormir. Juste un détail qui avait piqué ma sagacité de flic : fête folklorique bretonne à Douarnenez, soirée celtique à Penvillers, il nous faudrait certainement fouiller de ce côté…

— Les gens qui assistent à ce genre de manifestations sont des milliers, anonymes et indétectables, d'une année sur l'autre ! soupira Dominique, circonspecte. Ils se comptent par centaines dans la région, ces gens épris de culture celtique ! Nous cherchons une aiguille dans une botte de foin ! La foule accourt chaque année à Douarnenez, estivants et mordus locaux, pour le rendez-vous des Mouettes. La soirée celtique de Penvillers a attiré plusieurs milliers de personnes, elle aussi. À tout hasard, fouillez également dans vos fichiers de maniaques remis récemment en liberté, consultez le STIC (Système de Traitement des Infractions Constatées) ! Isolez les dossiers des garçons qui possèdent un casier pour agression sexuelle, j'ai demandé à Gildas, enfin à l'adjudant-chef Troupel, de se renseigner de son côté sur les éventuelles agressions de filles participant aux élections annuelles des Mouettes, lors des dernières éditions. Sans trop de conviction d'ailleurs, si une plainte avait été déposée à la gendarmerie, il ne serait pas passé à côté. Hélas, tant de victimes ne portent pas plainte…

— Je suis convaincu que ce gars n'est pas un simple spectateur ! S'il a réussi à entraîner Marine Chacun dans un guet-apens, cela signifie qu'il connaissait ses habitudes, ses amies, ses distractions favorites. Quelle mère de famille consentirait à suivre un inconnu, un samedi soir, pour une improbable soirée de goguette ? S'il ne fait pas forcément partie de ses proches, l'assassin appartient certainement au cercle de ses relations ! Comme à celui de Marine Plomeur ! Voilà une bonne piste à prospecter. Rose-Marie serait là, elle nous dirait : laissez-moi dix minutes, je vais chercher sur Myspace ou Facebook les tribus de nos deux victimes et je reviens avec le seul individu commun, le coupable donc. Elle est tellement incroyable devant un ordinateur qu'elle serait capable de détecter le parrain de la mafia parmi des centaines de suspects potentiels…

— Napolitaine ou bolognaise ?

— Pardon ?

— Votre pizza, napolitaine ou bolognaise ! J'aime bien ces deux-là, avez-vous une préférence ? Nous allons arriver chez Antonio, mon fournisseur habituel…

— Peu importe laquelle, du moment que je peux profiter de votre présence envoûtante en face de moi ! C'est la réponse que vous attendiez, non ?

— Infâme hypocrite !

Il se trouvait une grande quatre-saisons en quête de client, cela gagnait du temps de l'emporter aussitôt, on arriva donc à l'appartement de Dominique avec notre boîte chaude et une bouteille de Bardolino, mon vin italien préféré. Le temps de dresser une table rapide et nous voilà tous deux appliqués à mordre dans notre quartier de pizza. Je ne savais pas si elle avait faim ou si elle était pressée, toujours est-il que, durant le repas, Dominique ne pipa pas le moindre mot. Et comme j'avais aussi bon appétit, les quatre parts furent vite engouffrées.

Mon hôtesse me demanda si je désirais un dessert ; je lui rappelai finement sa promesse initiale, sa gâterie exclusive ; elle éclata de rire. J'aimais quand elle éclatait de rire, car cela signifiait que je l'avais surprise. Ou flattée. On passa donc directement au café, trop brûlant pour qu'on l'avale d'une traite. Ce n'était pourtant pas l'envie qui me manquait de passer prestement à la suite du programme. Enfin, on reposa nos tasses dans les soucoupes avant d'échanger des sourires complices.

C'est alors que son téléphone sonna, ce qui déclencha chez elle un mouvement d'exaspération qui m'alla droit au cœur. Elle se leva pour saisir le combiné qui se trouvait sur un guéridon du salon, le porta à l'oreille et répondit froidement, avant de se radoucir, paupières baissées de dépit, puis de conclure, au bout d'un moment, après un profond soupir, par un petit : « C'est bon, on arrive ! » Elle plaça la main sur son téléphone et se retourna vers moi :

— C'est Sarah ! La fin de leur stage est annulée, en raison des conditions météorologiques annoncées pour ce soir. Rose-Marie et elle se trouvent en rade à Bénodet, c'est le cas de le dire, car la voiture de RMC ne veut plus démarrer ! Pour peu que notre sympathique Antillaise l'ait garée à marée basse et que depuis, la voiture se soit trouvée sous les flots, il n'y a pas loin ! Non, ce n'est pas bien de ma part de dire cela, vous déteignez sur moi, je deviens sarcastique. Elles veulent que j'aille les chercher pour les ramener à Quimper. Je réponds quoi : que nous sommes très occupés, tous les deux, ou que c'est un plaisir d'abandonner les besognes en cours pour voler au secours de la fille de mon enquêteur favori ?

— Allez-y, il doit y avoir un match de foot à la télé, en vous attendant ! répliquai-je, détaché. Vous avez Canal+, au moins ?

— Macho ! me lança-t-elle, en même temps qu'un coussin à la figure. D'abord, c'est votre fille, pas la mienne ! Je vous soupçonne même de l'avoir contactée dans mon dos pour la pousser à modifier notre programme de l'après-midi ! Vous arrivez à vous en sortir, une fois de plus !

— Allez, je vous accompagne à Bénodet ! Protection rapprochée de Madame le substitut, s'il s'agissait d'un piège de notre assassin, qui vous aurait confondu avec une Mouette… Une rieuse, bien sûr…

Un rapide tour d'horizon des rares personnes qui déambulaient sur le quai du port de Bénodet, malgré un crachin soutenu, et deux filles quittant le porche de l'église, couvertes d'un k-way bleu marine, investirent les places arrière de la voiture de Dominique. Le temps pour la conductrice de les réprimander car elles s'étaient assises sans avoir ôté leur imper, et pour moi de houspiller ma fille qui n'avait pas sa pareille pour me pourrir mes temps libres, et nous voilà repartis vers Quimper, laissant la vieille guimbarde de Rose-Marie sur le parking. Naturellement, après avoir évoqué leurs quelques jours aux Glénan, la conversation glissa sur le week-end de permanence et le crime perpétré à Ergué-Armel, visant une reine des Mouettes, la seconde en moins de trois mois. Et selon une logique que j'aurais pu prédire, après les premières explications de Dominique, les deux filles réclamèrent juste quelques minutes pour aller se changer au Colibri, avant de revenir dans l'appartement de la magistrate pour prendre connaissance des documents et nous aider à débrouiller cette affaire passionnante. Même si notre programme dominical se trouvait chamboulé, comment ne pas s'émerveiller du dynamisme de ces deux filles, de leur connivence permanente et de leur éternelle bonne humeur… Comme promis, elles redescendirent très vite de leur antre qui avait l'avantage de se situer en face du commissariat de Quimper, pour se glisser à l'arrière de la voiture, emmitouflées dans de gros pulls de laine.

Sarah possédait un talent de synthèse qui me fascinait toujours. Certes, il s'agissait de ma fille, et l'on peut m'accuser de partialité, néanmoins, pour une môme de vingt-six printemps, elle révélait une intuition de vieux briscard.

Je ne me lassais pas de contempler son visage encore poupon, entouré de mèches blondes, consultant chaque feuille, revenant en arrière, changeant de dossier, consignant des détails, relevant les yeux pour me fixer avant de se noyer à nouveau dans les procès-verbaux. Assise auprès d'elle, Rose-Marie ne possédait pas le même talent. Bien que l'aînée d'une année, elle avait suivi une trajectoire différente. Pendant que l'une, courant l'Europe après un père inconnu – mais qu'elle savait policier né à Quimper – sortait diplômée de l'École d'officiers de police de Cannes-Écluse, la seconde, plus dilettante, briguait un poste d'enquêtrice. Car elle avait appris que la "Grande Maison" embauchait des talents en informatique. Et dès qu'il s'agissait de trouver l'impossible sur un ordinateur, RMC ne nous décevait jamais.

— Vous avez certainement déjà noté ce détail qui me saute aux yeux, émit Sarah en balançant son regard affirmatif de Dominique à moi. Le corps de Marine Plomeur a été retrouvé sur l'île Tristan, en baie de

Douarnenez, celui de Marine Chacun au pied du panneau de la rue Tristan, dans le quartier du Braden à Quimper…

— Non, nous n'avions pas effectué ce rapprochement ! avouai-je, dubitatif. Il s'agit certainement d'un hasard, pas d'un acte volontaire de la part du meurtrier…

— Comment cela, un hasard ? s'emporta Sarah, les sourcils froncés, ce cinglé se prend pour le héros de la légende et a trouvé en ces filles prénommées Marine, les deux Iseut du récit : la blonde et celle aux blanches mains. Je viens justement de lire le bouquin !

— Holà, fringante pouliche, intervins-je aussitôt, attention de ne pas t'emballer trop vite ! Tu regardes ces dossiers pendant cinq minutes, tu mets ton cerveau en marche, il en sort une hypothèse fumeuse et tu veux qu'on te l'achète sans en vérifier le contenu…

— Dominique, on peut utiliser votre ordinateur ? questionna Sarah, décidée à soutenir mordicus sa théorie. Rosie, trouve-moi, s'il te plaît, les sites qui correspondent à ce conte épique… Pas les baratins d'historiens, je m'en tape, non les blogs de fondus de cette histoire, de types prêts à passer du jeu de rôles à la réalité. Et ne me dis pas que tu es incapable de me dénicher ceux qui, parmi eux, habitent dans le Finistère ! Sinon, tu n'es plus ma copine !

Machinalement, je tournai les yeux vers Dominique et lus sur son visage le même hébétement que j'imaginai avoir envahi le mien. Voilà moins d'une heure que le typhon Sarah avait appris l'existence de cette affaire et voilà l'œil du cyclone qui pointait l'unique piste à suivre, selon son esprit infaillible, ciblant précisément notre coupable : un adepte d'Internet qui cultivait un vieux fantasme sur l'histoire de Tristan et Iseut, avant de le reporter sur les reines des Mouettes ! Je ne pus que sourire quand elle me demanda par où nous allions commencer le boulot.

— Déjà, nous ne sommes pas seuls sur cette enquête, deux gendarmes de Douarnenez nous épaulent. Ou plutôt, pour ne pas froisser les susceptibilités, nous leur prêtons main-forte. Nous deux, nous suggérons, eux deux, ils décident. Il est essentiel que ce postulat de départ soit bien ancré dans ton crâne. Ne joue pas les offusquées, je te connais comme si je t'avais conçue… En plus, l'équipière de l'adjudant-chef Troupel se nomme Eva Podolski ! Sarah Nowak, Eva Podolski, cela sent bigrement la Pologne, non ?

— Et elle aussi est en quête d'un géniteur qui se prend pour un grand flic au fin fond de la Bretagne ? s'emporta Sarah, toujours aussi imprévisible et revancharde. Tu en as laissé combien, des nanas comme moi, le long de ton chemin ! Autant que les cailloux du Petit Poucet ? Tu avais peur de te perdre sur le chemin du retour vers la France ? À la base, tu y allais pour aider la logistique de Solidarnosc, pas pour repeupler le pays !

— J'avais juste pensé que le contact serait plus facile entre vous, puisque vous possédez des origines communes ! répliquai-je, désabusé par la mauvaise foi de Sarah. Je ne sais pas combien d'années encore je vais devoir payer mon écart de jeunesse ! Une relation qui n'était pas une faute ; je te rappelle que je ne t'ai pas abandonnée, je ne savais pas que tu existais, alors…

— Oh, père et fille, cela commence à bien faire ! hurla Dominique en se levant de son fauteuil. Vos problèmes personnels, vous les réglez chez vous ! Ton raisonnement représente l'une des hypothèses parmi d'autres que nous allons devoir étudier avec minutie, Sarah ! Je t'aime bien, seulement je ne vais pas lancer mes troupes sur une intuition qui n'est pas étayée par la moindre preuve tangible ! Bon, il se fait tard et je vous rappelle que, demain matin, nous démarrons de bonne heure. Je ne vous mets pas à la porte, mais je suis un peu fatiguée, voyez-vous… Alors je vous raccompagne chez vous…

— Ne vous dérangez pas pour moi, je vais coucher dans la chambre de Rosie ! proposa Sarah, sans se démonter. Je vous demanderai juste d'héberger mon père pour la nuit. Vous savez, ce n'est pas un satyre, il ne va pas vous sauter dessus, vous n'êtes pas polonaise ! Non, je plaisante !

— Ne vous dérangez pas pour moi, arguai-je, je dois me rendre au bureau pour récupérer mes valises car tout le monde semble oublier que, depuis que je suis arrivé de Paris, en toute discrétion, je n'ai pas eu le temps de me poser. Et je ne parle même pas de la petite réception de bienvenue que j'espérais secrètement, celle-là, je l'oublie ! Bon, les filles, on se donne rendez-vous demain matin au Colibri pour le petit-déjeuner, à huit heures !

— Sinon, cela ne me dérangeait pas de vous loger, Paul… murmura Dominique, proche de la supplique. Mais il est vrai que si vous n'avez pas prévu d'affaires de rechange, les habits masculins font cruellement défaut dans cet appartement.

— Et votre crème à épiler, très peu pour ma barbe virile ! Sans parler de mon odeur de fauve dans votre nid douillet, même si je sais que vous savez vous changer en tigresse, le soir venu ! À demain, Dominique, nous démarrons de bonne heure et une rude semaine nous attend, comme vous nous le rappeliez à juste titre. Je vais m'occuper de récupérer les rapports du légiste et des gars de la scientifique, dès qu'ils les auront rédigés.

Le lendemain à dix heures, cinq personnes se retrouvaient dans le bureau du substitut du procureur de la République de Quimper. D'un côté, deux gendarmes en tenue d'apparat, l'adjudant-chef Troupel qui allait encore éblouir un peu plus Dominique dans cet uniforme qui lui allait comme un gant, et le brigadier Podolski, superbe blonde, grande et mince, qui aurait pu envisager sans difficulté une carrière de mannequin, avec ses formes agréables et son visage envoûtant. Du coup, ma petite Sarah faisait pâle figure, en comparaison, vêtue d'un pantalon marron et d'un pull léger dans les tons d'automne, pièces glanées parmi les quelques effets en souffrance dans la chambre de Rose-Marie. D'ailleurs, je sentais l'exaspération de ma fille à sa manière de respirer quand un élément perturbateur venait contrecarrer ses projets. De mon côté, j'allais converser avec la grande Julie, délicieuse compagne de mes périodes de disette affective et amoureuse, lors de mon précédent séjour, à qui la présence de la gendarmette avait aussi fait bien de l'ombre, même si son presque mètre quatre-vingts lui conférait un avantage de quelques centimètres sur sa concurrente en uniforme...

Dominique n'avait pas fait d'effort particulier dans le choix de sa tenue, son charme résidait ailleurs. Elle nous invita à nous asseoir autour d'une table basse et nous proposa un café que Julie avait déjà préparé. Dans un préambule timide, elle tenta de nouer un contact amical entre les uns et les autres, avant de présenter le rapport préliminaire du médecin légiste, antérieur à l'autopsie.

Les blessures marquant le corps de Marine Chacun portaient les mêmes empreintes que celui de Marine Plomeur. Des empreintes qui, hélas, ne se trouvaient fichées nulle part. Elle n'avait pas été violée, elle non plus, ce qui laissait planer beaucoup de doutes sur les intentions du criminel.

Chaque enquêteur ajoutait un commentaire personnel aux paroles de Dominique, Julie apporta les tasses de café, accompagnées des effluves de son parfum capiteux et de la vision divine de ses longues jambes sous de fins bas blancs. On apprécia la chaleur et le corsé de l'expresso, puis on se mit au travail car un criminel courait dans la nature, peut-être prêt à passer à nouveau à l'action. On reprit une à une toutes les pistes envisageables, à partir des éléments dont nous disposions. C'est alors que Sarah enfourcha son cheval de bataille et démarra au galop :

— J'ai préparé pour chacun de vous un double d'un travail que j'ai effectué pendant la nuit à propos d'une piste qui me semble évidente. Les deux victimes ont été retrouvées en des lieux qui n'ont pas été choisis au hasard : l'île Tristan à Douarnenez, la rue Tristan à Quimper. Le lien, c'est la légende de Tristan et Iseut. Savez-vous combien il existe de forums de conversation concernant un tel sujet sur Internet ? Pas moins de dix, dont je vous ai fourni la liste. Et combien de blogs spécifiques au thème, créés par des personnes qui ne vivent que dans le culte des amoureux virtuels ? Une cinquantaine ! Sans parler d'un “roleplay”, jeu de rôles si vous préférez, simplement nommé Tristan, où le joueur peut créer un personnage qui va évoluer dans la légende ! L'une de mes collègues travaille actuellement à l'identification des participants pour dresser une liste de ceux qui habitent en Bretagne et se cachent sous des pseudos. Il est possible que les deux victimes participaient à ces discussions via Internet ; cela reste à confirmer, naturellement…

— Un peu facile, comme théorie ! rétorqua promptement Eva, sans daigner tourner la tête vers Sarah. Je pensais que, dans la police, on travaillait avec un peu plus de rigueur et d'esprit rationnel ! Des liens de ce type, on peut en trouver dans toutes les affaires, sans gage de réussite. De notre côté, nous avons procédé de manière plus sérieuse, en détaillant le profil de notre victime, Marine Plomeur, une jeune femme de vingt-huit ans, que son assassin a portée en barque sur l'île Tristan alors qu'elle était déjà morte. Ce soir-là, elle avait rendez-vous avec un ami d'enfance, selon une collègue de travail, et elle était excitée de le retrouver… Aucun lien avec un jeu de rôles, vous voyez…

— Peut-être, mais comme le disait Sarah, il s'agit d'une piste qu'il ne faut pas négliger, même si nous ne devons pas orienter l'intégralité de nos efforts dans cette direction, bien entendu ! intervint Dominique, soucieuse d'anticiper un crêpage de chignons. Et le travail minutieux que vous effectuez depuis dix semaines, brigadier Podolski, n'est pas remis en cause, loin de là ! Où en êtes-vous de la protection des huit reines encore en vie, Adjudant-chef ?

— Le dispositif se met en place dès ce matin ! répliqua Gildas, aussi ennuyé que moi après la prise de bec entre nos coéquipières. Je rappelle aussi que nous les avions toutes interrogées séparément, y compris Marine Chacun, pour tenter de savoir si un individu les aurait importunées ou aurait seulement tenté de prendre contact avec elles. Cela n'avait rien donné de probant. Nous pouvons effectuer une seconde tentative, après ce nouveau meurtre…

— Excellente idée ! conclut Dominique en se levant. Le brigadier Podolski et le lieutenant Nowak feront équipe dans cette direction. Une bonne occasion pour elles de faire davantage connaissance et d'apprendre à s'apprécier. Adjudant-chef, je vous charge de présenter le capitaine aux responsables de l'organisation de la Fête des Mouettes, ma conviction demeure que le fait que nos deux victimes aient remporté ce titre est déterminant dans la logique du tueur. Assurez-vous également que des agressions de ce genre n'aient pas touché les lauréates de titres similaires en Bretagne. Je vous laisse filer au travail… Tenez-moi au courant des avancées, ce dossier est pour moi, et surtout pour le procureur, prioritaire. Il désire que nous transmettions au juge Jouvain un dossier solide.

Dans le véhicule de gendarmerie qui nous menait vers Douarnenez, j'avais pris soin, une fois nos bagages placés dans la malle arrière, de m'installer auprès de Gildas Troupel qui avait pris le volant. De sorte de laisser les deux “Polonaises” libres d’établir un premier contact sur de bonnes bases. Pourtant, lors de la première partie du trajet, la conversation se situa à l’avant du véhicule, Gildas et moi échangeant des bribes de nos itinéraires respectifs pour faire connaissance.

Ainsi appris-je que j’avais affaire à un Ch’ti, du fait d’une mutation de son père, militaire de carrière, au moment de sa naissance. Préférant la gendarmerie à l’armée, Gildas avait d’ailleurs démarré sa carrière dans le Nord, avant de connaître trois mutations d’affilée dans la région parisienne puis ce poste à Douarnenez où il se plaisait, malgré le caractère particulier des habitants.

— Les gens d’ici, il faut déjà les comprendre quand ils s’expriment ! expliqua-t-il, le sourire aux lèvres. Ils ont un tel accent que certains mots me semblent étrangers ! Peut-être sont-ils issus de la langue bretonne, d’ailleurs… Et puis ce sont des gens durs, renfermés, renfrognés presque, qui ne consentent à se livrer que devant un verre de *gwin ruz* ou de *gwin gwenn*, comme on dit par ici ! Et comme je ne bois jamais d’alcool, j’ai peu de chance d’obtenir des confidences ! Néanmoins, ce sont des personnes attachantes et courageuses…

Profitant d’un moment de silence à l’avant du véhicule, Sarah, bien que plus jeune qu’Eva, prit l’initiative de la conversation.

Sans doute pas de la bonne manière puisqu'elle lui parla en polonais, un mauvais calcul.

— Je suis née à Angers et mon père à Montceau-les-Mines, je n'ai jamais mis les pieds en Pologne et je ne connais pas un traître mot de cette langue ! répliqua la grande blonde en uniforme en se raidissant sur son siège.

— Dans ce cas, pourquoi sais-tu que je ne t'ai pas parlé en breton ? argua Sarah, sans se démonter. Cette langue n'est donc pas aussi étrangère que cela à ton oreille ! On ne va pas se fâcher pour si peu ! J'admets que je suis d'un tempérament impulsif et toi, d'un naturel réservé. Soit on se tire la bourre, toutes les deux, soit on devient sacrément complémentaires… Je ne prétends pas que j'ai raison, avec cette intuition, seulement je m'emballe vite, quand une évidence me saute aux yeux. Tu as sûrement aussi une excellente analyse des événements et ta petite idée sur le profil du coupable. Note bien, on aura tout le temps d'en parler, si nous faisons équipe. Et puis…

— Sarah, cesse d'importuner notre amie, intervins-je, tu es soûlante ! Et puis, à ma connaissance, le brigadier Podolski ne t'a pas autorisée à la tutoyer ! Coéquipière mal élevée…

On arriva à la gendarmerie de Douarnenez sans avoir entendu davantage le son de la voix d'Eva. Sans doute son supérieur l'avait-il sermonnée après sa réaction dans le bureau de la magistrate… Gildas nous invita à le rejoindre dans son bureau pour un dernier point avant de démarrer l'enquête commune. Il faisait tout pour arrondir les angles et décrisper sa coéquipière au visage toujours fermé et au corps raide dans son bel uniforme.

— Eva a accompli un énorme travail d'investigation sur les relations passées de Marine Plomeur. expliqua-t-il avec conviction. Elle est persuadée, et je soutiens son analyse, que Marine n'a pas suivi son assassin sous la menace, elle le connaissait et lui faisait confiance. C'était donc sans doute bien l'ami d'enfance dont elle avait parlé à sa collègue. Voilà pourquoi Eva remonte lentement dans le passé de la première victime !

— Ce travail peut se révéler essentiel, si les deux Marine ont possédé des relations communes, intervins-je, désireux de conforter Eva par un satisfecit. On s'orienterait alors vers la vengeance d'un copain d'enfance trahi dans ses rêves de môme…

— L'hypothèse est à envisager, reprit le gendarme. Cela n'exclut pas une autre possibilité : cet individu gravite autour de l'organisation de la Fête des Mouettes depuis de nombreuses années. Il connaît toutes ces filles par cœur. Possède-t-il le talent de s'attirer l'amitié des reines, de les mettre en confiance pour qu'elles baissent leur garde ? Occupe-t-il un poste en vue dans le comité de la fête ? S'agit-il d'un gars du pays, de retour d'un long voyage ? Voilà ce que nous ne sommes pas parvenus à définir, pour la bonne raison que personne n'a vu Marine Plomeur dialoguer avec le garçon du rendez-vous. Nous avons aussi appris qu'elle devait se fiancer bientôt. Son fiancé est un jeune homme de Rennes, que nous avons interrogé et qui n'a rien à se reprocher. Eva pense que l'assassin a pris ombrage du projet matrimonial de Marine, le vivant comme une trahison. Peut-être à cause d'un pacte de jeunesse…

— C'est une observation très subtile ! m'empressai-je de dire, avant que Sarah ne ruine le travail de Gildas. Elle dénote une sensibilité affirmée et un sens aigu de l'analyse psychologique. Si je peux me permettre, Eva, votre travail me semble complémentaire de celui de ma collègue. Dans le cercle des relations de Marine Plomeur, avez-vous noté des contacts avec les milieux celtiques, ou encore des relations par le biais d'Internet ? Courait-elle les festoù-noz de la région, désireuse de s'éclater au son du biniou et de la cornemuse ? Participait-elle à des chats, à des forums de discussion, à des jeux de rôles, ayant trait aux légendes bretonnes, par exemple ?

— Je m'apprêtais à explorer cette piste, car le profil de ses relations directes ne me convenait pas, dans le cadre de mon étude de l'esquisse psychologique du tueur, telle qu'elle m'a été enseignée. À présent que vous aiguisez ma réflexion, il me revient un détail : dans la chambre de Marine, parmi de nombreux posters de ses stars favorites, des chanteuses en vogue notamment, la présence d'une grande affiche de l'opéra de Wagner *Tristan et Isolde* m'a surprise...

— Sans doute la même affiche que j'ai découverte dans la chambre de jeune fille de Marine Chacun, m'empressai-je d'ajouter, aussi excité par l'idée d'un point de connexion solide que satisfait de voir Eva accomplir un pas vers la théorie de Sarah. Il ne peut s'agir d'une coïncidence ! Si seulement quelqu'un de leur entourage savait dans quelles circonstances elles sont entrées en possession de ces affiches... Peut-on savoir si cette œuvre a été jouée en Bretagne dans les dix dernières années ? Je crois que, grâce aux talents conjugués de nos coéquipières, Gildas, nous tenons une piste sérieuse ! On va pouvoir aller se payer du bon temps et les laisser conclure ensemble une enquête qu'elles ont si bien entamée, ne croyez-vous pas ?

— Il ne se passe pas un jour sans que je ne me félicite de bénéficier d'une partenaire dotée d'une sensibilité aussi exceptionnelle ! reconnut l'adjudant-chef, incitant Sarah à tourner son regard vers moi, en quête de louanges aussi appuyées de ma part à son endroit.

— Pour ma part, si je fais abstraction de quelques sautes d'humeur inhérentes à son jeune âge et à un caractère frondeur, je dois reconnaître avec honnêteté que Sarah m'a souvent sauvé la mise par ses intuitions perspicaces. Gildas, je vous propose que nous allions dénicher, parmi les membres de l'équipe d'organisation de la Fêtes des Mouettes, un passionné des œuvres de Wagner ! Histoire de récupérer quelques branches de laurier sur les têtes de nos charmantes coéquipières pour qu'elles ne grossissent pas trop ! Les têtes, bien entendu, pas les coéquipières…

Il suffisait de voir les deux filles partir ensemble vers la pièce dans laquelle Eva détenait les procès-verbaux de ses témoignages et les indices qui orientaient sa réflexion, pour savoir que nous venions de remporter notre première victoire : les rivales du matin étaient devenues des partenaires motivées par la même quête d'un résultat positif. Oh, pas encore les meilleures amies du monde, juste deux enquêtrices unies par une volonté commune de prouver leur valeur. Une alliance de circonstance, en quelque sorte… Et le clin d'œil complice que Gildas m'adressa avant de me prendre par l'épaule pour me présenter à son chef, en disait plus qu'un long discours sur son soulagement.

Une demi-heure plus tard, les valises déposées dans le petit hôtel situé sur le port de Tréboul et dans lequel nous avions, Sarah et moi, élu domicile pour le temps de l'enquête, nous prenions tous les quatre un déjeuner très local : des crevettes grises en entrée et des maquereaux tout frais ensuite. Les deux gendarmes avaient changé de tenue, tout en gardant l'uniforme.

D'ailleurs, les deux filles causaient chiffons ; pour ma part, je constatai que Gildas, comme il l'avait annoncé, ne touchait pas à la bouteille de muscadet. Il sirotait son eau de Badoit en me confiant ses difficultés à accepter l'ambiance de caserne et les contraintes permanentes, plus aliénantes pour la gendarmerie que pour la police. Je lui relatai quelques bribes de mon parcours, avec notamment les années passées au sein de la Cellule-Élysée, les missions confidentielles, partout dans le monde où les intérêts de la France, ou la sécurité de ses ressortissants, étaient menacés. Je ne puis résister au plaisir de lui rappeler le succès du film *Bienvenue chez les Ch'tis* qui avait redonné de la fierté aux habitants d'une région durement touchée par la crise industrielle.

Le déjeuner achevé, après un bon café, on se sépara pour partir au travail. Le chef de la gendarmerie avait mis deux véhicules à notre disposition pour les besoins de l'enquête. Les filles montèrent dans le premier, le plus moderne, nous laissant le second, un peu poussif au goût de Gildas. Nous avions tous deux rendez-vous avec Gilbert Lamy, le président de l'association de la Fête des Mouettes. Bien qu'originaire de la région parisienne, ce directeur d'une société de publicité avait épousé la région en même temps qu'une "Penn Sardin", une fille de Douarnenez. Nous avions un peu d'avance et les bureaux de la société de Gilbert Lamy, situés dans un hangar en bois du quai du Port-Rhû, n'étaient pas encore ouverts.

On décida de patienter en se baladant le long du bras de rivière ; Gildas évoqua les craintes financières à propos du port-musée marin, abritant pourtant la plus grande collection de bateaux anciens de France. Un souci de plus pour la ville, avec les problèmes rencontrés par le milieu de la pêche et celui des conserveries, sans parler des petits commerces qui fermaient en nombre chaque année. La crise mondiale touchait certes tous les pays, toutes les couches de la population, cependant certains secteurs industriels et certaines villes, plus encore que d'autres, payaient un lourd tribut à l'évolution économique de la société…

La température était agréable et les risées d'air frais, les bienvenues. Par moments, une rafale plus violente soulevait la poussière et faisait tourbillonner quelques papiers dans les airs. Au-dessus de nos têtes, les véhicules qui empruntaient le Grand Pont reliant Douarnenez et Tréboul défilaient sans discontinuer, dans un vacarme d'enfer, proche du bruit de trains anciens sur des rails d'époque. Un peu plus loin, Gildas me questionna, visiblement embarrassé :

— J'ai cru comprendre que Sarah était votre fille, mais je me trompe peut-être…

— Non, une histoire curieuse, à vrai dire ! J'ai eu l'occasion d'effectuer, dans ma jeunesse, un voyage humanitaire en Pologne, plus précisément à Gdansk. J'y ai sympathisé avec une jeune militante de Solidarnosc. Je suis rentré en France, j'ai cherché à reprendre contact avec elle ; plus de nouvelles. Vingt-cinq ans plus tard, en consultant un album de photos avec

Sarah, ma coéquipière, elle est restée interdite devant un cliché, avant de réaliser que la Polonaise qui avait traversé ma vie était sa mère. Partie très jeune de son pays d'origine vers une branche de sa famille française, Sarah avait appris la mort de sa mère dans des circonstances floues et l'origine de sa naissance ainsi que quelques renseignements sur son géniteur, un Breton, originaire de Quimper, qui travaillait dans la police. Dès lors, sa voie était tracée : elle est entrée à l'école de police, a demandé une mutation à Quimper et passé ses premiers mois à enquêter sur cet individu, effectuant des recherches à l'état civil, avec le peu d'éléments dont elle disposait. Sans résultat. Jusqu'à ce jour où elle a découvert cette photo dans un album de famille. Elle aurait pu me repousser, elle ne l'a pas fait. Je pense qu'elle a compris que j'ignorais sa naissance et que, sinon, je ne l'aurais pas abandonnée... En fait, je suis de retour à Quimper depuis avant-hier seulement, et je la connais encore très peu. En qualité de coéquipière, c'est un excellent flic, voilà ce qui compte avant tout pour moi, sur le terrain !

— Puisque j'en suis aux questions embarrassantes, je poursuis au risque de paraître bien curieux : il me semble que les liens qui vous unissent au substitut Vasseur dépassent le simple cadre professionnel...

— Bon flair, Adjudant-chef ! Dominique et moi sommes amis depuis mon premier retour à Quimper, pour un stage de quinze jours. Pas de mauvaise interprétation cependant, nous n'avons jamais couché ensemble, je tiens à le préciser. Dominique est une femme exceptionnelle, très attachante. Sous un aspect peu avenant, elle cache une personnalité complexe et captivante. Elle n'a pas eu un parcours facile, elle traîne une grosse casserole à la patte depuis une affaire ambiguë à Marseille. Lorsque j'ai eu besoin d'un appui sur Quimper, pour une enquête très délicate, elle n'a pas fui ses responsabilités, cela ne s'oublie pas ! Oui, je l'avoue humblement, j'apprécie sa compagnie…

— Au point de jouer le bodyguard quand un importun se montre un rival potentiel…

— Je tiens à m'excuser auprès de vous pour ma conduite d'hier, elle était totalement déplacée !

— J'aurais pour amie une femme de la qualité et de la classe du substitut Vasseur, je réagirais certainement comme vous ! Qui ne rêverait de compter, dans ses relations, une personnalité aussi intelligente et brillante ? Voilà certainement une nouvelle passion commune qui pourrait nous inciter à nous tutoyer, non ? En te promettant de ne jamais empiéter sur cette plate-bande très secrète de ton jardin…

— Tu as raison, Dominique représente plus pour moi qu'une simple amie, seulement le destin s'acharne à nous empêcher d'aller au bout de nos intentions. On prétend le sort coquin ; pour ma part, je le trouve souvent agaçant !

— Il est des conquêtes qui valent qu'on y mette le prix ! Gravir l'Everest nécessite plus d'efforts que de monter le Menez-Hom, mais quel bonheur cela doit représenter d'accéder au Toit du Monde…

— Oui, seulement Dominique, si je puis me permettre ce parallèle, sans paraître inélégant, on ne peut pas l'escalader en cordée…

III

Les locaux de Pub-Armor, la société de Gilbert Lamy, avaient ouvert leurs portes. Le patron nous accueillit à l'entrée, un sourire pincé aux lèvres, et nous invita à le suivre jusqu'à son bureau, pour plus de discrétion. Il nous avoua très vite qu'il était à la fois tracassé par la mauvaise publicité que ces crimes allaient faire pour son association, et désireux de nous aider à découvrir le coupable, surtout s'il s'agissait d'une brebis galeuse cachée dans sa troupe de volontaires, comme l'avait suggéré le gendarme lors de son appel téléphonique. L'homme avait le visage boucané d'un vieux loup de mer, même s'il avouait n'avoir jamais vogué au-delà la baie de Douarnenez. Son épaisse chevelure grise lui conférait une image de sage qu'une rapide fouille de son passé aurait certainement mise à mal. Pourtant, son regard respirait la sincérité et l'honnêteté ; du moins, telle était ma perception.

Il nous confia que ressusciter la Fête des Mouettes n'était pas œuvre aisée, avant de nous proposer un historique de la manifestation. Tout avait démarré en

1907 : les bancs de sardines avaient déserté les côtes bretonnes depuis près de cinq années, des milliers de familles douarnenistes se trouvaient sans vivres pour affronter l'hiver suivant. Chaque foyer possédait bien son lopin de terre, suffisant en période normale, mais bien dérisoire sans la manne de la mer. L'Union du Commerce et de l'Industrie imagina alors une fête folklorique dont les bénéfices seraient reversés aux familles démunies pour les aider à subsister. Pour présider cette fête, ils imaginèrent d'élire une reine, issue de l'une des conserveries de la ville. Chaque usine présentait une candidate et le comité en retenait une, pas uniquement sur des critères de beauté. L'événement perdura jusqu'en 1945 avant de s'arrêter à la fin de la guerre. Elle reprit en 1959, puis en 1973, avant de renaître en 1998, sous l'impulsion d'une nouvelle équipe.

— Notre but n'est pas de viser le profit à outrance, il n'est pas non plus de soutenir les familles des marins ou des ouvriers des conserveries dont le nombre a diminué, au fil des décennies, comme peau de chagrin. Au début du vingtième siècle, on comptait sur la côte pas moins de trente-deux conserveries de sardines, des fritures comme on les appelait à l'époque, un chiffre à peine imaginable aujourd'hui ! C'étaient les débuts de la conservation en boîte, de l'appertisation, les balbutiements de l'industrie agroalimentaire…

— Pourquoi les Mouettes ? interrogea Gildas, surpris d'une dénomination à laquelle il n'avait jamais porté attention.

— En raison de leur tenue blanche et de leur coiffe à la forme particulière, la cornette, qui les font ressembler à ces oiseaux ! expliqua le président à qui désormais plus aucun détail de l'histoire de la ville ne semblait étranger. Ce que nous avons tenu à respecter depuis l'origine, ce sont les critères de sélection de la reine : elle doit être belle, mais aussi attachée au pays et dotée de valeurs morales. Ce sont des filles de la région, pas forcément de Douarnenez, mais du secteur. Pas des rosières, bien sûr, plutôt des ambassadrices d'un terroir sans pareil et d'un riche passé digne de respect. Voilà pourquoi la mort des deux Marine m'affecte tant ! Elles n'étaient pas de ces Miss Kleenex, élues et oubliées, elles ont posé leur empreinte sur la région.

— Pourtant votre accent rappelle davantage celui du poulbot de Montmartre que d'un fils de Penn Sardin ! m'étonnai-je, même si je connaissais en partie la réponse.

— Vous avez raison, mais en me mariant avec une fille de Tréboul, j'ai aussi épousé le pays et, à présent, je le défends comme si j'en émanais. Françoise, mon épouse, que les gens d'ici appellent toujours Soizic, a vécu, toute son existence, à Douarnenez. Son père était marin-pêcheur, sa mère travaillait à la conserverie, et ses plus lointains ancêtres ne connaissaient rien d'autre que la sardine. Dans ma démarche, aucune nostalgie de cette époque, simplement le désir de dynamiser la ville, d'y attirer les touristes pour un moment de plaisir. Et si certains d'entre eux repartent avec une pensée pour ces femmes qui, en 1924, ont osé faire grève et défier les patrons – et l'une d'entre elles a été élue conseillère municipale en 1925, une première en France – alors, mon pari aura été doublement gagné ! Mais quand j'apprends qu'un criminel se planque dans mon équipe, là je suis prêt à tout lâcher, car le moteur de mon action, c'est la sincérité de ceux qui m'entourent.

— Monsieur Lamy, précisai-je, nul ne soupçonne un individu de votre entourage ! Nous tenions uniquement à partager cet instant avec vous pour mieux comprendre votre démarche, mieux percevoir la personnalité des reines des Mouettes, également pour nous faire une idée plus précise de cette manifestation. Le tueur fait cependant partie des personnes gravitant autour de la fête : un spectateur assidu, un prestataire de service, un membre de la famille d'un des organisateurs, un ancien bénévole éconduit... Quel qu'il soit, nous le démasquerons avant la prochaine édition et, dès maintenant, les équipes de l'adjudant-chef Troupel protègent les huit reines encore en vie. Nous ne désirons pas créer un climat de panique, nous devons cependant suivre toutes les pistes car un tueur en série rôde...

— Chacun voit midi à sa porte et je vais vous paraître bien matérialiste ! soupira notre interlocuteur. Je pense surtout aux difficultés que je rencontre avec la crise économique pour trouver des sponsors parmi les entreprises de la région. Une mauvaise publicité risque de ruiner tous mes efforts pour attirer des financements... Mais ce n'est pas l'essentiel bien sûr, quand je pense à ces deux malheureuses...

En quittant le bureau de Gilbert Lamy, Gildas me proposa de poursuivre à pied en direction de la mer. Il désirait me montrer l'endroit où le corps de Marine Plomeur avait été découvert, transporté en bateau par l'assassin sur l'île Tristan, sans doute à partir de Tréboul, pour ne pas attirer l'attention d'éventuels promeneurs nocturnes. Il me demanda si le contact avec le directeur de la Fête des Mouettes m'avait laissé une impression particulière. J'avouai que j'avais du mal à concevoir que l'une des personnes qui se dévouaient bénévolement pour le succès de cette manifestation locale, fût le sadique qui s'en prenait aux reines. Ç'aurait été un peu torpiller son propre bateau. Il convenait cependant de ne pas négliger une personne qui aurait claqué la porte du comité et en aurait conçu par la suite une profonde amertume. Cependant, de là à s'en prendre à des jeunes femmes...

Le gendarme partageait mon analyse. Si le meurtrier appartenait à l'organisation de la fête, il ne se trouvait pas dans le premier cercle, mais davantage dans le second, celui des prestataires de services, qui avaient le loisir de s'intégrer à l'équipe dirigeante, de côtoyer les reines et de se fondre dans la masse des anonymes, tout en observant sa future proie. Il avait d'ailleurs demandé à Eva un inventaire exhaustif de tous ces suspects potentiels. Un vrai travail de Romain...

Un responsable du Conservatoire du littoral nous attendait au bout de la jetée de la rade du Guet, pour nous mener sur l'îlot de six hectares situé à même pas trois cents mètres du littoral. Fabien Servan, jeune garçon à la silhouette romantique, était un passionné de son bout de terre et il nous le prouva durant la courte traversée :

— Imaginez que, sur ce caillou d'apparence anodine, mes collègues experts en botanique ont recensé plus de cent cinquante espèces végétales différentes, émanant de tous les continents ! Nous devons ce trésor inestimable à la famille Richepin dont les membres ne revenaient jamais les mains vides de leurs lointains voyages. Plutôt que de ramener à leurs proches un bijou ou un bibelot, ils rapportaient une plante, un arbuste ou même une pousse d'arbre. Sur cet îlot intermédiaire devant lequel nous passons à présent, savez-vous qu'un conserveur a bâti une usine à laquelle on pouvait accéder seulement à marée basse ou encore en barque ? Hélas, un jour de tempête, l'une des embarcations a chaviré et les infortunées ouvrières sont mortes noyées, car les courants sont très forts, par ici.

Notre guide était décidément un mordu qui parlait de son “caillou”, comme il appelait l’île Tristan, avec l’émotion d’un nouveau marié pour sa jeune épouse. Une fois tous trois débarqués sur la terre ferme, le garçon laissa Gildas me mener vers le lieu où les gendarmes avaient retrouvé le corps de Marine Plomeur. Dans l’esprit du gendarme, cette visite d’apparence banale revêtait une importance particulière. Comme s’il cédait à l’aspect ésotérique de la légende pour nourrir sa réflexion et désirait me prendre par la main pour m’offrir une balade à travers le temps. Il me laissa un moment me recueillir, méditer, m’interroger, avant d’intervenir :

— On a retrouvé le corps de la malheureuse au pied des deux arbres enlacés, sous les racines desquels reposeraient les dépouilles de Tristan et Iseut. Un élément supplémentaire qui vient accréditer la thèse proposée par Sarah. Le meurtrier a cette histoire mythique dans la tête et semble effectuer un transfert entre l’Iseut de la légende et les Mouettes de Douarnenez. Pourquoi s’en prendre à elles, justement ? Comment les contacte-t-il ? Il existait deux Iseut, également deux Marine, parmi les reines ! A-t-il voulu mettre un terme à ses fantasmes ? Est-il mort, lui aussi, à présent qu’elles ne peuvent plus alimenter ses chimères ? Autant de questions auxquelles il nous faudra répondre…

— Avec un peu de chance, nos coéquipières vont nous ramener des renseignements complémentaires, poursuivis-je pour tenter déjà de me rassurer moi-même, car je sentais bien que nous pataugions. Les intuitions de Sarah se révèlent souvent exactes et Eva me semble une enquêtrice réfléchie et déterminée.

— Elle est secrète, introvertie, investie d'une fausse idée : puisqu'elle est une fille, blonde et belle de surcroît, elle pense que les gens, notamment ses collègues, la jugent négativement. Elle prend toute remarque pour un reproche, tout échec collectif comme une remise en cause personnelle. Ainsi, quand je lui ai annoncé votre venue, elle a pris cette coopération comme un message de défiance à son égard, de la part du substitut Vasseur. Ce matin, en écoutant Sarah parler avec assurance et conviction, elle a pensé que son terrain de prospective allait se rétrécir, que l'ensemble de son travail était sujet à caution, voire inutile. En la mettant en valeur, tu l'as décomplexée et je t'en sais gré…

— Je connais le tempérament de Sarah, elle est exubérante. Si personne ne l'aide à respecter son entourage, elle devient vite envahissante, étouffante même. Et avec une fille aussi craintive qu'Eva, aussi peu sûre d'elle-même, cela risquait de mal se passer. Là, je pense qu'elle a compris le message.

— À présent, j'espère que le tempérament ouvert et franc de Sarah permettra à Eva de donner son potentiel, de croire en elle, en sa capacité intuitive… J'avoue que j'achoppe régulièrement, face à sa sensibilité à fleur de peau. Mes supérieurs pensent que cela a été une erreur de l'engager, j'aimerais leur prouver qu'ils se trompent. Si Eva nous quitte sur un échec, la connaissant un peu mieux désormais, elle remettra en cause bien plus que ses fonctions dans la gendarmerie ! Bon, si nous faisions un petit tour de l'île avec notre guide, avant de revenir sur le continent ? Histoire d'en mettre plein la vue à nos coéquipières, ce soir ! Ce garçon semble si bien connaître son caillou…

Rien ne pouvait faire davantage plaisir à Fabien Servan que de nous faire partager sa passion du lieu. Ainsi nous apprit-il que sa première richesse résidait dans la présence d'eau douce dans le sous-sol, découverte depuis très longtemps. En effet, des vestiges permettaient de certifier que le lieu avait été investi par les Romains pour y fabriquer le garum, un condiment fort apprécié à l'époque. Il s'agit d'une sauce à base de poisson et de saumure, finalement proche, de manière étonnante, du nuoc-mâm des Vietnamiens. Dans les périodes antiques, il était transporté et conservé dans des amphores. Le guide et gardien de l'île tint aussi à nous présenter les bâtiments, rappelant qu'une conserverie de sardines y fut installée, jouxtant la belle demeure des propriétaires, une famille de riches négociants. Par bonheur, un budget avait été décroché pour remettre ces édifices en état. Il nous mena aussi au phare, stupidement saccagé par les soldats allemands pendant la dernière guerre : en effet, l'optique fut détruite d'une rafale de mitraillette, un soir de beuverie. Il évoqua également les années bénies pendant lesquelles Tristan appartint au poète Jean Richepin et à sa famille. Il y accueillait d'autres artistes, écrivains et poètes, en une époque paisible et harmonieuse durant laquelle des gens sensibles savaient respirer l'air particulier de ce lieu unique.

— C'est aussi le berceau de la légende de Tristan et Iseut, me hasardai-je. Le berceau et la tombe, d'ailleurs, si l'on en croit les écrits. Sentez-vous le poids de ces fantômes sur vos épaules, les nuits de forte tempête ou les matins d'hiver couverts de brouillard ?

— Une légende ne pèse jamais, Capitaine, elle vous élève ! me répondit le guide avec un sérieux désarmant. Celle-là comme d'autres. Cette île et Ys ne font peut-être qu'une, comme Tristan et le roi Gradlon, Iseut et Dahut. Peu importe d'ailleurs, pour moi, que ces personnages aient existé ou non, leurs faits sont parvenus jusqu'à nous, c'est une évidence ! Que restera-t-il de notre passage sur la Terre, dans plusieurs millénaires ? Aucune trace ! Alors que ces personnages ont acquis la gloire de l'éternité.

Ce garçon était décidément nanti d'un esprit romanesque. Ses yeux s'enflammaient, dès qu'il se trouvait lancé sur son sujet de prédilection. D'un coup, tout, chez lui, évoquait le romantisme, de sa longue chevelure brune qui s'envolait au vent, à sa vareuse trop propre pour être celle d'un pêcheur, trop longue pour sortir de la garde-robe d'un simple élégant. Fabien Servan cultivait un personnage comme si la seule sauvegarde du patrimoine matériel de l'île, de la flore aux bâtiments en passant par les animaux, ne lui suffisait pas.

Il se sentait investi d'une mission de sauvegarde de la mémoire des êtres de légendes dont la tradition avait peuplé ces lieux jusqu'à nos jours.

— Et lors des longues soirées d'hiver, vous ne vous ennuyez pas, seul sur votre caillou ? insistai-je, volontairement blessant, pour désarçonner mon interlocuteur. Vous avez bien la télé, un ordinateur, Internet...

— Pourquoi regarderai-je une lucarne lorsque j'ai l'opportunité d'admirer un paysage merveilleux à 360° ? Pourquoi vouloir dialoguer avec des inconnus, lorsque j'ai la possibilité d'entrer en contact avec les esprits de tous mes devanciers sur ce caillou, comme vous appelez ce paradis de manière si méprisante, alors que, dans ma bouche, ce terme affectif est empli de passion et de respect. Pas de télé, pas de radio, pas d'ordinateur. Juste mon âme, mon imagination, une fenêtre ouverte en permanence sur ce qui ne se voit pas avec les yeux mais juste avec son affect. Ma solitude apparente est peuplée de bien plus de rencontres que la multitude affolante des mégalopoles ! Mais à quoi bon discuter de tout cela avec des esprits rationnels comme les vôtres... Il se fait tard, nous devons rentrer, suivez-moi au bateau, je vous prie...

— Et que pensez-vous des fêtes folkloriques comme celle des Mouettes ? questionna Gildas, comprenant le sens de mes questions précédentes. Ces reines ne font pas de l'ombre à Iseut ou Dahut ?

— Une fois de plus, vous placez sur un même plan l'éphémère et l'éternité, sourit le garçon en nous aidant à monter sur l'embarcation. Dans dix mille ans, s'il existe encore des humains sur cette planète, ils parleront de la reine Dahut, alors qu'une reine des Mouettes peine à survivre à son règne, car telle n'est pas sa destinée. À moins qu'elle entre dans le cycle éternel de la légende et de ses fascinants mystères. Alors, elle acquerra, elle aussi, sa part d'immortalité. « Hôte de l'île Tristan, vois-tu parfois la blonde fille de la mer, peignant sa chevelure d'or, assise sur un rocher, se mirant dans les vagues ? – Oui, le soir à la lune voilée, je vois passer une fille éplorée dans la brume humide, au-dessous du cap lugubre ; je l'entends gémir, ses gémissements pénètrent l'âme, quand elle chante, ses chants sont plus plaintifs que les flots ! » Voilà les paroles qui me sont venues en découvrant le corps dévêtu de cette jeune femme, au pied des arbres enlacés. Elle venait de passer de l'éphémère à l'éternité !

— Et cela vous a paru naturel ? m'étonnai-je. Comme si vous aviez vu sa mort dans l'une de vos chimères nocturnes…

— Si le sens de votre question est de savoir si je suis le coupable de la mort de cette malheureuse, la réponse est non ! répliqua promptement le guide, soudain moins poétique. Je l'ai trouvée au petit matin, j'ai prévenu la gendarmerie, je ne l'avais jamais vue auparavant. À présent, dans mes rêves, il est vrai que les reines de mes nuits peuvent prendre ses traits car son visage était sublime, ce matin-là, dépouillé de toutes les noirceurs d'un monde trop laid. Comme si Tristan, lui-même l'y avait déposé, pour qu'elle vienne le rejoindre dans son royaume invisible... Nous sommes arrivés, je vais vous aider à descendre du canot, vous ne semblez pas avoir le pied marin... Attention, la jetée est sans doute glissante, un accident est parfois si vite arrivé... Bonne fin de journée !

Il nous fallut un bon moment avant de nous remettre de ces élucubrations inquiétantes. On devait néanmoins accorder à Fabien Servan un sacré talent de conteur, un charisme quasi magnétique et une force de persuasion exceptionnelle. Car sinon, comment évoquer ces fables devant un public non-initié, sans déclencher d'inévitables ricanements, voire des fous rires irrépressibles... On avait fait le chemin aller avec un garçon sain de corps et d'esprit, après un tour de l'île très enrichissant, on était revenus sur la terre ferme, conduit par un illuminé qui vivait une partie de ses journées dans un monde imaginaire...

— Quelle jeune fille un tantinet fleur bleue ne craquerait pas devant ce garçon ! finit par soupirer Gildas Troupel, convaincu que nous venions de croiser notre assassin. Il est si fascinant quand il raconte ses légendes, si envoûtant quand il vous fait passer une reine des Mouettes pour la possible incarnation moderne d'Iseut ou Dahut ! Et lui se présente comme Tristan, seigneur de l'île, chevalier de la Table Ronde...

— Je ne vois pourtant pas cet illuminé transporter jusqu'à la rue Tristan, dans le quartier d'Ergué-Armel à Quimper, le corps d'une jeune femme ! coupai-je, volontairement pragmatique, après une rapide réflexion. Il vit dans un monde trop éthéré pour concevoir un plan aussi concret et aussi calculé. Je peux me tromper, néanmoins, il nous a surpris dans un sens, il peut nous étonner dans l'autre. Il sera bon de garder un œil sur lui et de se renseigner sur son emploi du temps, sur ses états de service et sur sa vie hors de l'île, même s'il prétend qu'il la quitte rarement. Bon, avec ces fadaises, l'après-midi a passé sans qu'on s'en aperçoive. Je ne me souviens plus de ce qui a été prévu pour la suite du programme. Oh, bientôt dix-huit heures, nous n'avons pas vu le temps passer...

Gildas Troupel me déposa à l'hôtel et rejoignit la gendarmerie où il devait présenter le rapport de la journée à son chef. J'en profitai pour appeler Dominique et lui faire mon compte rendu en évoquant le fait le plus marquant, la découverte du dernier témoin des amours de Tristan et Iseut. Comme je plaisantais sur le sujet, Dominique me demanda de prendre au sérieux l'attitude d'un garçon capable de croire en ses légendes. Je lui promis que Gildas et moi, nous allions nous renseigner sérieusement sur cet olibrius, même si je ne le voyais pas quitter son île de nuit sur sa barque, pour venir étrangler Marine Chacun au Parc des expositions de Penvillers à Quimper, pas plus que conduire son cadavre dans le quartier du Braden. Avait-il seulement son permis de conduire ? Nous avions oublié de le lui demander, embrouillés par ses récits abracadabrantesques.

En retour, Dominique me confia que l'autopsie n'avait rien appris de nouveau. Une confirmation : la victime n'avait pas été violée. Un point important, elle n'avait pas été droguée, n'avait pas une goutte d'alcool dans le sang. Elle avait donc suivi le meurtrier de son plein gré, ce qui signifiait qu'elle le connaissait. La magistrate avait auditionné son mari et son amie, pour finir par conclure que Marine Chacun avait décidé de rencontrer à leur insu celui qui allait devenir son assassin, ce qui tendait à prouver qu'elle entretenait avec lui des relations intimes, suivies ou épisodiques… ou encore qu'il avait réussi à se faire passer pour l'un de ses proches, digne de confiance… ajoutai-je.

Par ailleurs, Dominique avait demandé à Rose-Marie de s'intéresser à l'ordinateur de la victime, dont l'époux ne possédait pas le code d'accès et qui devait contenir son jardin secret, cette part d'ombre que chaque être humain conserve toujours, même pour ses plus proches.

En consultant ma montre, je notai qu'on approchait des vingt heures. J'avais eu le temps de prendre une bonne douche, de me changer, d'appeler Dominique, et toujours pas de nouvelles de Sarah qui m'avait pourtant donné rendez-vous à l'hôtel. Elle occupait la chambre voisine et n'aurait pas manqué de venir embêter “son père adoré”, dès son retour de la tournée des reines, si elle était déjà rentrée. Ou les filles avaient déniché une information de premier ordre ou elles prenaient du bon temps sur le dos des contribuables, léchant les vitrines ou essayant des vêtements dans une boutique branchée de la ville… Je descendis au bar me faire servir un bock de pression, car j'avais horriblement soif.

Lorsque Gildas Troupel vint m'y retrouver, il s'inquiéta autant que moi du retard des deux sirènes, tracassé que le portable d'Eva se trouve sur messagerie. Un mauvais pressentiment le tenaillait, d'autant qu'il s'agissait de la première véritable sortie de son équipière sans son mentor. Je me forçai à le rassurer : même jeune, Sarah avait suffisamment de vécu humain, faute d'expérience professionnelle, pour assumer en cas de problème. Non, il fallait chercher la raison ailleurs : par exemple le désir d'Eva de faire découvrir la côte à sa nouvelle amie, ou encore une conversation plus longue entre elles, pour mieux se comprendre.

Mes propos rassurèrent moins l'adjudant-chef que la vision d'un véhicule de gendarmerie qui se gara sur le parking du port de Tréboul. Il en sortit trois belles plantes, deux blondes et une Antillaise. Sarah n'avait pu s'empêcher de demander à Eva d'effectuer un petit détour par Quimper pour récupérer son amie Rose-Marie. Je m'apprêtais à la tancer, lorsque Gildas s'enquit de savoir, auprès de sa collègue, si elle ne lisait jamais les messages de son portable.

— On voulait vous faire la surprise ! intervint Sarah pour couper court à tout reproche. Rosie a récupéré des éléments essentiels sur l'ordinateur personnel de Marine Chacun, sans parler d'autres infos sur l'opéra Tristan et Isolde. Mais vous êtes blancs comme des linceuls, tous les deux ! Vous vous êtes fait du souci pour nous ? C'est trop mignon de votre part ! Tu vois, Eva, finalement, ils tiennent à nous, nos chefs !

Gildas avait prévu de nous inviter dans une crêperie du quai de Tréboul dont il semblait connaître les patrons. Il nous expliqua que ces commerçants s'étaient fait importuner par une bande de jeunes loubards, l'été passé ; aidé par quelques hommes, il avait pris ces petites frappes en flagrant délit et il les avait arrêtées. Depuis, il avait sa table assurée dans l'établissement ! Le petit groupe s'installa au fond de la salle et le gendarme commanda aussitôt une bouteille de cidre et un bol de lait ribot, son péché de gourmandise depuis qu'il travaillait en Bretagne. Pour ne pas compliquer la tâche du personnel, tous prirent une crêpe complète, hormis Eva qui ne supportait pas les œufs. Elle avait bien changé, la gendarmette, plus détendue, plus loquace, un tantinet taquine. On commença par se régaler de la première crêpe, puis Rose-Marie prit la parole :

— La bécane de Marine a parlé. Elle possédait bien un accès à des sites celtiques dont certains semblent s'intéresser aux légendes bretonnes. De plus, elle fréquentait Tristan, le jeu de rôles. Je dois encore travailler dessus, mais je suis certaine qu'en fouillant dans la mémoire, je vais trouver une passerelle entre les personnages de ce site et de véritables individus. C'est seulement une question de temps ! Eva m'a proposé de venir chercher l'ordinateur portable de la Marine de Douarnenez.

— Je ne sais pas si l'amiral va être d'accord… intervins-je.

— Quel amiral ?

— L'amiral de la Marine de Douarnenez !

— Très lourd, Paul, très lourd ! sanctionna Rose-Marie, vexée de ne pas avoir perçu l'astuce. J'en étais où avant de me voir coupée par une intervention stupide ? Ah oui, je dois recevoir votre accord, Adjudant-chef, pour le récupérer et confronter les données à celles que j'ai glanées à Quimper…

— Une telle requête est du ressort du capitaine de gendarmerie, je lui en touche deux mots demain matin, promit Gildas en sortant son calepin pour inscrire la question.

— Par ailleurs, le spectacle Tristan et Isolde n'a jamais été donné en Bretagne, par contre il a tourné en France, voilà trois ans. Paris, Bordeaux, Toulouse, Marseille, Lyon, Strasbourg et Lille. Je dois recevoir par mail les listes des spectateurs ; ils les possèdent forcément, mais attendaient un courrier du substitut du procureur pour agir. Dominique s'en occupe, je lui ai demandé de faire fissa. Euh, j'ai sollicité de la part du substitut une intervention des plus rapides, pour le bien de l'enquête. Seulement, je me retrouve toute seule, dans mon petit bureau du commissariat de Quimper, pour croiser ces informations. Cela risque de me prendre des jours, peut-être des semaines, un temps peut-être mis à profit par l'assassin pour poursuivre sa besogne… Alors qu'avec une ou deux aides, l'affaire serait classée avant vendredi.

— Des aides comme Eva et Sarah, par exemple ? me hasardai-je à suggérer, sourcils froncés et sourire en coin.

— Je n'y avais pas pensé, maintenant que vous le proposez, ce serait parfait.

— Tu crois que je ne t'ai pas sentie arriver avec tes gros sabots ?

— C'est normal, mes parents sont originaires d'un petit bled antillais qui s'appelle Le Lorrain ! En passant par Le Lorrain, avec mes sabots… Non, elle n'est pas géniale… Bon, patron, c'est d'accord ?

Je promis à RMC que Gildas et moi réfléchirions à sa requête, comprenant que Rose-Marie cherchait à venir travailler avec Sarah et Eva à Douarnenez. Si l'accord de l'amiral n'était pas nécessaire, celui du chef de la gendarmerie restait indispensable, et pas encore acquis. Par contre, toutes deux avaient fait chou blanc dans leurs rencontres avec les cinq reines qui vivaient encore dans les alentours. Car en plus des deux assassinées, l'une d'elles se trouvait dans un centre pour handicapés, suite à un accident de voiture, une aütre travaillait dans une agence postale de la région parisienne et avait rompu les amarres avec la Bretagne ; enfin, la dernière était serveuse dans un restaurant de Haute-Savoie, département où elle avait fait sa vie. Cela facilitait la tâche des équipes de surveillance, pas celle des enquêteurs. De plus, aucune d'elles n'avait le moindre renseignement significatif à livrer. Trois d'entre elles ne niaient pas qu'elles convoitaient l'écharpe de Reine des reines, mais de là à éliminer des rivales…

Cela avait permis aux enquêtrices de mieux se connaître et de se découvrir de nombreux points communs. Il est vrai qu'elles semblaient désormais s'entendre comme larrons en foire, au point que RMC se trouvait un peu à l'écart. À présent, à la faveur des bulles de cidre, Eva avait pris des couleurs aux joues et du mordant dans la conversation, révélant un humour décalé et persifleur qui n'était pas pour me déplaire. Gildas la regardait avec tendresse, sans doute heureux de la découvrir sous son véritable jour, sourire esquissé à la commissure des lèvres et pétillement de malice dans le coin de l'œil. Alors que Sarah expliquait que toutes deux en savaient un peu plus sur le parcours de l'autre, avec les bons et les mauvais moments, les bonnes rencontres et les moments de désert moral, Eva tenta de redevenir sérieuse :

— Je n'ai pas le droit de me plaindre de mon parcours, quand je pense que Sarah a quitté la Pologne avec la volonté de retrouver en France un géniteur lâche, comme tant de Français, qui a pris son plaisir avec sa malheureuse mère avant de repartir sans penser aux conséquences qu'il laissait derrière lui. Et en plus, il paraît que c'est un policier…

— Attends, Eva, ce n'est peut-être pas le moment… coupa Sarah, rouge comme un coquelicot. Je n'ai pas eu le temps de te raconter toute l'histoire, j'ai oublié de mentionner certains points importants, je suis désolée…

Il se passa un interminable moment de confusion au cours duquel Eva comprit qu'elle venait de commettre une boulette, tout en ignorant encore laquelle. Gildas baissait la tête en se grattant le haut du crâne, Sarah demeurait en apnée, dans l'attente de ma réaction, incapable de sortir une syllabe, proche de l'asphyxie. Même Rose-Marie semblait pâle, c'était pour dire ! Et Eva, tournant la tête dans tous les sens pour quêter un appui ou une réponse, redevint blanche comme un linge et se crispa à nouveau. Il me fallait abréger son supplice :

— Ce lâche, ce salaud, c'était moi, Eva. Je n'ai pas d'autre excuse que d'avoir adressé à la maman de Sarah des courriers qu'elle n'a jamais reçus. Je n'ai cessé de penser à elle, sans savoir que de notre union était née une fille qui représente aujourd'hui ma plus grande richesse, même si elle n'est pas toujours facile à assumer ! Surtout quand elle partage ce qui l'arrange et zappe le reste, comme si elle avait honte de moi. Tu sais, dans la vie, on n'agit pas toujours à sa guise et les conclusions hâtives, a posteriori, sont souvent inexactes et injustes. Je ne cherche pas à justifier mon acte ni la position des hommes, en général, dans de telles situations…

— En général ou en capitaine ! susurra Rose-Marie pour essayer de détendre l'atmosphère, tentative qui échoua piteusement.

Eva ne l'entendit pas, qui se leva d'un bond pour sortir de la crêperie en courant. Gildas voulut la rattraper, je le retins par la manche en lui expliquant que c'était à moi d'y aller. La nuit était tombée sur le port de Tréboul. La lumière orangée des réverbères éclairait faiblement la pénombre. Suffisamment cependant, pour que j'arrive à distinguer une forme longiligne qui poursuivait sa course le long du quai, sans ralentir. J'accélérai le pas tout en gardant en point de mire la silhouette gracile. Elle s'arrêta au bout du quai de l'Yser, face à l'île Tristan, s'assit sur une bitte d'amarrage et se prit la tête entre les bras. De loin, je compris qu'elle pleurait. D'ailleurs, son corps était agité de convulsions nerveuses. J'avais eu le temps d'analyser sa réaction, celle-là et quelques autres. Je n'étais pas psychologue, je connaissais juste un peu l'âme humaine, assez pour discerner la part de la vexation et celle de la souffrance véritable.

Je ralentis ma progression avant de m'approcher d'elle. Je décidai de rester à quelques mètres, silencieux, d'abord. Seuls, quelques lampadaires des quais, les éclairages de rares véhicules longeant le Port-Rhû en direction du centre-ville, sur l'autre rive et le balai des faisceaux de trois ou quatre phares et balises se détachaient de la nuit noire. Les cliquetis des mâts des voiliers de la marina, le sourd brouhaha de la ville, un peu plus loin, le mouvement lent des vagues drossant le quai, c'étaient les seuls bruits qui nous entouraient.

— L'homme qui a abandonné ta mère ne possédait peut-être pas de bonnes raisons de partir, entrepris-je, hésitant et fébrile. Ta colère envers lui est certainement légitime. Ce n'est pourtant pas elle qui doit régir ta vie, sinon tu souffriras toujours. En tout homme, tu crois revoir son image. Quand l'un d'eux correspond à l'esquisse d'un bon père, selon tes critères, tu l'idéalises. Seulement, les hommes ne sont pas tout blancs ou tout noirs, ils ont leur pourcentage de valeurs positives, plus ou moins grand, et leur face sombre, parfois la plus importante. Eva, tu as tous les atouts pour réussir ta vie : tu es belle, tu es intelligente, tu es sensible – trop peut-être, mais est-on trop sensible ? J'ai vite compris que tu étais une enquêtrice de haut niveau, ne laisse pas cette forêt magnifique s'estomper derrière le squelette calciné d'un tronc d'arbre brûlé par la foudre, un soir d'orage. Tu ne crois pas que la vie est belle, trop exaltante à savourer pour se gâcher le plaisir avec des souvenirs amers ? Tu ne crois pas que tu as le droit, toi aussi, à ta part de bonheur, à ton coin de paradis sur terre ? Redresse la tête, ma grande, tu peux te montrer fière de ton parcours ! Et ne te soucie pas pour moi, j'en ai entendu d'autres et des plus méchantes…

— Je vous demande pardon, Capitaine, je ne voulais pas vous blesser, Sarah ne m'avait pas dit que ce père, c'était vous ! Elle a de la chance de vous avoir ! Elle n'a pas le droit de se plaindre de son passé, quand tout s'achève de la sorte ! Moi, mon géniteur, il nous a quittés après la naissance du troisième enfant en quatre ans. Ma mère a dû assumer toute seule notre éducation, en plus de son travail de nuit comme femme de ménage dans des bureaux. J'étais l'aînée. Très jeune, j'ai été forcée de veiller sur mon frère et ma sœur, d'effectuer les tâches ménagères, de les garder souvent, même les samedis soir ! Il m'a volé ma jeunesse, il a brisé ma mère, il n'a pas assumé son rôle ! Une fois mes études achevées, je devais trouver un travail. C'est vrai, j'aurais aimé tenter ma chance comme mannequin, mais c'était trop aléatoire. J'ai eu connaissance d'un concours de gendarmerie, je l'ai passé, j'ai pu rapidement aider ma mère à finir de payer les études de ma jeune sœur. À présent, elle est infirmière, comme elle le souhaitait. Mon frère est mécano, il a toujours préféré bidouiller sa bécane plutôt que de fréquenter l'école. Et ma mère a rencontré un homme doux et délicat ; ils ne vivent pas ensemble, mais ils se soutiennent.

— Tu vois, tout finit par s'arranger ! Comme pour Sarah, même si je sais que je ne suis pas toujours un père parfait, que ce n'est pas facile pour elle de travailler sous mes ordres, ce qui explique pourquoi elle a préféré garder le nom de sa mère pour éviter d'avoir à préciser qu'elle était ma fille… C'est donc ton père qui était polonais ? L'histoire inverse de celle de Sarah, en somme… Tu vois, dans ma vie, j'ai un principe, je ne dis pas qu'il est bon, peut-être est-il gage de faiblesse, mais il me tient debout. Même si je remarque les défauts des éléments de mon entourage, je m'attache à ne considérer que leurs qualités ! Car c'est fou le nombre de personnes sur lesquelles on gueulait de leur vivant et qui nous manquent terriblement à leur mort. Croque la vie, Eva, tu l'as bien mérité, éclate-toi, sors, rencontre des garçons...

— Tous les mecs que je rencontre sont des nases ! asséna-t-elle en me foudroyant du regard. Soit ils s'intéressent à moi pour mon physique, histoire de passer un bon moment au pieu avec une jolie poupée, soit ils fuient sans demander leur reste, dès qu'ils apprennent que je suis gendarme, comme s'ils avaient un poids sur la conscience ! Et puis, je le sais, j'ai hérité de mon père ce côté froid et distant qui ne facilite pas les contacts. On me traite souvent de hérisson... Je ne sais pas pourquoi je vous raconte tout cela, c'est la première fois que je révèle ces détails intimes de ma vie à quelqu'un ; pourtant, on se connaît à peine...

— Disons que j'ai déjà adopté une craquante petite Polonaise, je peux bien faire un petit effort pour comprendre les soucis d'une seconde... Tu sais quoi, Eva, j'offre en dessert une bonne glace avec triple dose de crème chantilly. En général, Sarah et Rose-Marie crient de joie, toi aussi, je l'espère... Et ne me parle pas de régime, je refuse de voir autour de moi des filles souffrir sous la dictature de la balance.

Eva avait souri, sorti un mouchoir en papier de la poche de sa veste, pour s'essuyer les yeux. Elle me suivit dans la nuit jalonnée de falots orangés, la tête relevée, comme je le lui avais recommandé, son épaule collée à la mienne, comme si je l'aidais à tenir debout ! En cours de chemin, on parla de la douceur du climat, du calme du port, de l'extension de la marina, je m'inquiétai de savoir si elle n'avait pas froid ; elle me répondit qu'elle se sentait bien. On arriva tous deux à la crêperie et, comme promis, je réclamai aussitôt à la patronne une tournée générale de glaces, avec une pyramide de chantilly sur chacune. Gildas me dit que ma crêpe avait certainement refroidi, Sarah se leva pour prendre sa nouvelle amie dans ses bras, avant qu'elle ne se réinstalle.

— Je n'arrive pas à assumer le fait que mon équipier soit aussi mon père, je te demande pardon ! Cette fois, je crois que j'ai compris la leçon. La honte, elle n'est pas pour toi, mais pour moi. Cela fait finalement du bien, une telle leçon ! Comme l'eau de mer sur la peau, qui décape les cellules mortes. Et puis, grâce à toi, je vais pouvoir me goinfrer de chantilly sans remarque désobligeante sur mes hanches, cela compense largement la plus grosse humiliation de ma vie…

Peu après, on se quittait sur le parking désert du port de Tréboul, en se donnant rendez-vous pour le lendemain matin. Rose-Marie devait encore rentrer à Quimper, dans l'espoir de revenir le lendemain avec ses affaires pour un séjour ; elle avait laissé sa voiture à la gendarmerie et repartait donc avec Gildas et Eva. Comme je me réjouissais de constater que le problème mécanique qui avait immobilisé sa voiture sur le port de Bénodet, n'était pas trop grave, l'Antillaise se retourna d'une volte légère, pour m'expliquer, en souriant de toutes ses dents blanches et avec toute son insouciance :

— Non, vous allez rire ! Le garagiste m'a expliqué que le moteur marchait avec un peu d'essence… J'avais oublié de faire le plein et comme ma jauge est en panne, je ne pouvais pas savoir. Rien de grave, donc, mais c'est gentil de vous en inquiéter… Allez, à demain, j'espère que l'amiral m'acceptera comme mousse à bord… Notez, j'ai un joker dans ma manche : Dominique m'a laissé entendre qu'elle désirait faire un aller-retour à Douarnenez et elle m'a proposé de l'accompagner pour que nous discutions de mes avancées. Elle a bien compris que vous étiez un peu perdus sans mon soutien…

— Et tu lui as raconté également que dimanche, pour ta voiture, c'était juste une panne d'essence ? Cela nous permettrait de jauger, de notre côté, sa capacité de mansuétude…

IV

Mardi matin, bureau de Gildas Troupel à la gendarmerie de Douarnenez. Le capitaine avait accepté la présence de Sarah et Rose-Marie au sein de la caserne et ma fille n'avait pas tardé à appeler sa copine antillaise pour lui annoncer la bonne nouvelle. En réponse, RMC lui confirma la venue de Dominique, en milieu de matinée, elle profiterait de sa voiture pour économiser la sienne. L'autopsie du corps de Marine Chacun effectuée, en accord avec le mari de la défunte, la dépouille serait transportée jusqu'à Douarnenez pour reposer dans le caveau familial. Le substitut devait apporter aux parents de Marine, Fanch et Maïté Urvoas, les papiers nécessaires aux formalités de l'enterrement.

Gildas me proposa un programme solide pour la journée : une visite à Maria Plomeur, la maman de la jeune femme retrouvée sur l'île Tristan, pour tenter de glaner des informations supplémentaires sur l'éventuelle passion de sa fille pour la légende de Tristan et Iseut. Ensuite, passage chez Edmond Carro, photographe officiel de la Fête des Mouettes depuis son redémarrage, qui effectuait le reportage de la journée, mais aussi des photos de la Reine, en studio, dans les jours qui suivaient chaque élection. Suspect potentiel, il ne figurait cependant pas sur la liste de Gildas Troupel, car il s'agissait d'une figure locale, presque au-dessus de tout soupçon, critère d'honorabilité sur lequel je m'étais montré sceptique, au cours de ma carrière, souvent à raison. Pour le gendarme, convaincu de son innocence, l'homme avait l'œil exercé et certainement une idée des personnes qui pourraient en vouloir aux reines. Pour conclure la journée, un rendez-vous était prévu avec un adjoint au maire qui supervisait le travail de Fabien Servan, le gardien de l'île Tristan. Car sur la liste de Gildas, cet illuminé demeurait le premier suspect, malgré mes doutes. Il possédait le profil d'un cinglé capable de voler des vies pour assouvir un fantasme, seulement, à mes yeux, il n'était pas capable de la froide organisation d'un assassin méticuleux.

Un peu plus loin, Sarah et Eva, remise de son coup de mou de la veille au soir, se penchaient sur les premiers éléments apportés par Rose-Marie. Un impressionnant listing qui représentait les échanges de messages de Marine Chacun avec d'autres internautes, passionnés comme elle par les légendes bretonnes et protagonistes de Tristan, Roleplay. Charge aux filles de détecter de possibles suspects parmi ces fondus d'histoires, vivant dans l'ombre d'un héros mythique pour éviter les affres du quotidien. Une tâche gigantesque qui, étonnamment, ne semblait pas les effrayer. Pour bien comprendre leur mission, je réclamai à Rose-Marie de nous affranchir sur les tenants et les aboutissants de cette forme moderne du jeu de rôles.

— C'est très simple, des webmasters mettent au point un univers de jeu autour d'un thème souvent tiré de l'histoire ancienne ou de la science-fiction. Ils définissent des règles de base auxquelles doivent se conformer les participants. Ceux-ci utilisent des pseudonymes, créent un personnage virtuel à leur convenance ; dès lors, ils évoluent dans l'univers créé par les organisateurs, comme s'ils étaient quelqu'un d'autre. À partir de là, ils font fonctionner leur imagination fertile, leurs petits doigts agiles et leur créativité. Les différents héros créés se côtoient, s'interpellent, vivent des aventures communes, des conflits d'intérêt, des alliances de circonstance, des amours virtuelles, des désaveux définitifs…

— Le risque n'est-il pas de s'identifier à son personnage, ou encore de prendre le monde virtuel pour la réalité ? questionnai-je, soucieux de bien comprendre le lien entre ces joueurs et notre enquête.

— Bien sûr, voilà pourquoi les dirigeants de ces sites mettent toujours en garde leur public et nomment des modérateurs, chargés d'éviter les dérapages. Certaines personnes y passent plusieurs heures par jour, se déconnectent totalement de la réalité, ne se sentent bien que dans cet univers qu'ils ont en partage et sont les seuls à connaître. En France, on compte plus de 700 000 adeptes fervents de jeux de rôles, essentiellement des personnes de moins de trente ans...

— Peut-on savoir qui se cache derrière un pseudonyme ?

— Officiellement, non ! répliqua RMC en souriant. Seulement, si ces jeux recèlent de brillants acteurs qui masquent à la perfection leur véritable personnalité, nombreux sont les candides qui trahissent leur véritable personnalité en donnant trop de détails proches de leur vie réelle dans leurs récits. Plus grave, des petits futés en informatique remontent rapidement jusqu'à l'internaute qui se cache derrière le pseudo. Une adresse ID, un numéro d'ordinateur, quelques détails donnés HRP (hors Roleplay) en toute confiance, une précision géographique, quelques points précis de sa personnalité, quelques détails de son intimité, le masque tombe lentement et le tour est joué !

— Un membre de Tristan, Roleplay, aurait donc pu inciter les deux Marine à rejoindre le jeu, les identifier malgré leur pseudo et se servir de cet univers imaginaire pour les piéger dans le réel ? insistai-je pour être certain d'avoir tout bien enregistré.

— Techniquement, rien ne s'y oppose ! répondit RMC, visiblement embarrassée. Cependant, cela nécessite une conjonction de faits et aussi une certaine crédulité de la part des victimes, ce qui, dans notre enquête, au vu de l'âge et du vécu des deux Marine, me semble peu probable. Mais pas totalement impossible...

La démonstration de Rose-Marie me laissa perplexe, et je n'étais pas le seul. Gildas découvrait un univers qui lui était totalement étranger. Dans la voiture qui nous menait à notre rendez-vous, il nous fallut avouer qu'on venait de prendre un sacré coup de vieux ! Mon pilote se demanda comment des gens pouvaient trouver des heures entières à consacrer à ce passe-temps, alors qu'il ne parvenait jamais à accomplir en une semaine le programme d'activités qu'il s'était fixé. Pour ma part, je songeai plutôt à ces personnes, les jeunes surtout, qui s'évadaient par ce passage, sorte de porte des étoiles, dans un univers virtuel, d'un monde réel qui ne leur convenait pas. Gildas répliqua qu'il n'était pas nécessaire de se trouver devant un ordinateur pour avoir la tête dans les nuages, il se surprenait souvent à rattraper son esprit qui s'était envolé bien loin du lieu où il se trouvait. À croire que notre société ne convenait plus aux gens qui la constituaient ! Bizarre, non ?

Maria Plomeur avait quarante-neuf ans et en paraissait dix de plus. Il fallait dire que la vie ne l'avait pas épargnée, surtout durant les deux dernières années. Voilà une quinzaine de mois, m'avait appris Gildas en cours de trajet, son mari couvreur chutait d'un toit et se brisait les cervicales. Un accident d'autant plus ennuyeux qu'il se déroulait un dimanche sur la maison d'un copain de la famille, et non pendant ses heures de travail au sein de son entreprise. Maria, de santé fragile, s'occupait en confectionnant des bibelots à base de coquillages qu'elle vendait aux touristes durant l'été ou à l'occasion des fêtes municipales. Un petit plus qui permettait d'arrondir les fins de mois. Comme le loyer payé par Marine pour continuer à vivre sous le toit familial, alors qu'elle exerçait la profession de vendeuse chez un chausseur de Douarnenez. Jusqu'au second drame, qui avait eu raison des dernières forces de l'infortunée maman.

Marine avait bien un frère plus jeune qu'elle, mais il avait quitté la région et même la France pour trouver un poste de cuistot dans un restaurant de Brisbane, en Australie, opportunité qu'il ne pouvait refuser, un départ rapide qui avait laissé la famille pantoise. S'il avait obtenu un congé pour venir passer une semaine à Douarnenez, après la mort de son père, pour soutenir les siens, il n'avait pas pu se payer un nouvel aller-retour en avion pour assister à l'enterrement de sa sœur.

Maria Urvoas habitait une coquette maison sur les hauteurs de Tréboul, avec, à l'étage, une ouverture sur la mer. Une aubaine, lors de l'acquisition du terrain, un cauchemar à présent que, les jours de beau temps, on pouvait apercevoir le bout de l'île Tristan au souvenir si funeste depuis qu'on y avait découvert le corps de sa fille. Maria proposa aux enquêteurs de la suivre sur la tombe de Marine, avec tant d'insistance dans le regard qu'ils n'eurent pas le cœur de la contrarier. Ils s'enfilèrent tous deux dans son sillage à travers un dédale de ruelles fleuries, agrémentées par les senteurs des diverses fleurs qui ornaient les parterres des jardins ou squattaient les anfractuosités des murs de pierre. En observant le bout de la venelle, on imaginait qu'il s'agissait d'un cul-de-sac et que la maman s'était fourvoyée. Cependant, une fois le chemin parcouru, on découvrait un nouveau passage, sur la gauche ou sur la droite, de sorte que, comme dans les traboules lyonnaises, seuls, les habitués se repéraient et avançaient sans s'égarer le long des murs de pierre des villas coquettes et des roses trémières. Un parcours vraiment agréable s'il n'eût mené à l'entrée du cimetière…

Comme la maman demanda si l'enquête avançait, Gildas lui transmit les derniers éléments et la questionna sur l'intérêt qu'aurait pu porter Marine aux légendes bretonnes, et notamment aux forums de discussions d'Internet sur le sujet. Maria répliqua par une moue désabusée, avant de rappeler au gendarme que sa fille était bien secrète sur ses activités et ses loisirs. Dans la famille, on se parlait peu, le plus souvent de la pluie et du beau temps, des nouvelles de la ville, des voisins, des aléas du travail. Jamais beaucoup plus loin. Gildas insista en évoquant un lien possible par messages électroniques avec un internaute féru de l'histoire de Tristan et Iseut. La nouvelle évocation de cette légende ramena un vague souvenir à la mémoire de Maria.

— À quelques reprises, alors qu'on lui demandait de se montrer prudente, quand elle sortait le samedi soir, elle nous a répondu qu'elle serait protégée par le Chevalier blanc ! Comme je lui avais demandé si c'était un copain qui l'accompagnait, elle a éclaté de rire, avant de rétorquer que le Chevalier blanc veillait sur tous ceux qui permettaient aux légendes locales de perdurer. Je n'ai jamais compris ce qu'elle entendait par là.

— Hier, nous avons croisé un garçon qui vivait dans le même univers éthéré, intervins-je, perplexe. Ennuyé par notre société trop terre à terre à son goût, il s'évade dans un monde peuplé de rois et de reines, de princes et de fées, de chevaliers et de belles sirènes.

— Vous pensez que c'est lui qui a tué ma fille ?

— Pas forcément ! Sans doute même pas ! Pourtant, le criminel poursuit, à mon sens, la même quête d'une éternité accessible par le rêve, obéissant à des règles selon lesquelles la mort n'est pas une fin, mais un début, un passage de l'éphémère à l'intemporel. Cette vision de la vie dépasse nos entendements pragmatiques. Elle anime pourtant une poignée de personnes, éprises d'absolu, de romantisme, d'un monde plus beau, plus exaltant que celui dans lequel nous évoluons.

— Comme on peut en mettre des bêtises dans les têtes de nos gamins, avec tout ce progrès, malheureux ! Et vous croyez que ma fille frayait avec des gars comme celui-là ?

— C'est ce que nous cherchons à établir en interrogeant son ordinateur, expliquai-je paisiblement. S'il est question d'un Chevalier blanc dans les messages, si celui de Marine Chacun, la seconde victime, fait aussi référence à ce personnage, nous tenons le coupable. Il suffira de remonter jusqu'à la personne qui se cache sous un pseudonyme aussi édifiant, pour l'interpeller ensuite. Cela prendra sans doute un peu de temps, mais vous nous aurez beaucoup aidés en nous dirigeant sur cette piste.

On arrivait au cimetière qui dominait la rade de Douarnenez et offrait une vue superbe sur la découpe de la presqu'île de Crozon, et je me sentais gagné par la contagion ésotérique. Je me dis que, même s'il n'existait pas de bonne manière, ni de bon moment pour mourir, je connaissais désormais un lieu où les défunts reposaient devant un paysage superbe, bercés par les risées du large, veillés par les mouettes qui tournoyaient au-dessus de nos têtes, installés sur ce pan de falaise comme des étudiants dans un amphithéâtre recevant les préceptes des maîtres du savoir.

Un lieu pour admirer la beauté d'un monde dont on ignorait l'origine et dont on ne pouvait soupçonner l'infinité, un monde où la magie d'un instant avait valeur d'éternité. Un lieu où même la douleur avait le droit à sa parcelle de paix. Un lieu où la terre, la mer et le ciel s'unissaient pour veiller sur le repos des âmes…

Nous descendions dans une allée jusqu'à un emplacement sans sépulture ; juste un monticule de terre fraîche, ponctué par une croix en bois, peinte en blanc à la hâte. Je n'étais jamais parvenu à imaginer un corps dans le sol, sous une dalle de marbre ou de granit, que ce fût la dépouille de ma mère, dans le cimetière de Kerfeunteun, ou celle d'un inconnu, au cours d'une enquête criminelle. Pas davantage, en cet instant où je regardais la croix et voyais le visage pur de la belle Marine sur la photo d'elle punaisée dans le bois, son sourire de Joconde, son regard de madone, sa chevelure sauvage de princesse d'éternité. On se recueillit un moment et une foule de pensées m'assaillit, comme les flèches assassines d'une armée d'Indiens. Comment ne pas se mettre à la place d'un cinglé qui, cherchant la plus fidèle incarnation de son Iseut, aurait arrêté son regard sur les traits fins et doux du visage de Marine ? Mais dans ce cas, pourquoi la priver de la sève de sa beauté en lui volant la vie ? Mais elle ne ressemblait pas à la seconde Marine dont j'avais contemplé une photo à Quimper. L'unique point commun entre les deux, c'était la douceur. Pour le reste, l'une était plutôt blonde, l'autre plutôt rousse. L'une avait un visage d'ange, l'autre des traits de femme déjà mûre et posée, malgré seulement quatre années de plus. Pourquoi les unir dans un même sacrifice barbare ? Ces questions m'obsédaient, elles demeuraient pourtant sans réponse.

Maria Plomeur avait joint ses mains devant elle pour prier. On voyait ses lèvres bouger, on devinait les mots qu'on ne pouvait percevoir. Puis elle sortit de sa brève communion avec sa fille, se tourna vers nous et nous remercia pour notre dévouement. Que pouvions-nous répondre ? Elle nous proposa de revenir à la maison pour prendre un café. Gildas déclina l'offre en prétextant à juste titre que nous avions un autre rendez-vous à suivre. Sans doute, tout seul, malgré le programme et l'assurance d'une nuit sans sommeil, j'aurais accepté l'invitation. Seulement, je n'étais pas à Quimper et ce n'était pas mon enquête ! On raccompagna cependant la maman brisée jusqu'à sa demeure et, au moment de la laisser à sa solitude, je me permis de l'embrasser. Un geste dérisoire mais si important pour cette femme désormais privée de tout soutien. J'aurais aimé accomplir davantage pour elle, je n'en possédais pas le pouvoir…

On s'éclipsa ; tant qu'elle pût encore nous apercevoir, elle resta dans la ruelle à quêter un autre geste d'affection, un signe de la main, un vague sourire, témoignant des paradoxes d'un monde où l'humanité côtoyait la barbarie… Aucun de nous deux ne parvenait à desserrer les mâchoires. Comme dans ces instants, le banal est le plus approprié, Gildas m'expliqua que le studio et le magasin du photographe se situaient à Douarnenez, de l'autre côté du pont, dans une petite rue du centre-ville, proche du port de Rosmeur. On s'installa dans le véhicule bleu et on quitta Tréboul et l'atmosphère pesante qui nous enveloppait depuis le cimetière. Mais avait-on seulement le désir de la quitter…

Edmond Carro était un artiste. Il n'est pas nécessaire d'avoir du succès pour se déclarer artiste, même pas du talent. Il suffit de le croire et de le faire croire. Et de nos jours, combien se croient artistes, et ensuite se croient, tout court ! Edmond Carro avait été un homme respecté, admiré, envié. À tort ou à raison, quelle importance ? Seulement, comme les chanteurs qui vivent de leur gloire passée, Edmond Carro tentait de surfer sur les ultimes illusions de sa vague déclinante. Les clients ne se bousculaient pas dans sa boutique où les photos des derniers mariages ornaient la vitrine, à côté de portraits de bambins et de clichés de jeunes en costumes locaux. Le commerçant se plaignit très vite du progrès qui incitait les gens à investir dans des appareils numériques et à développer eux-mêmes leurs œuvres sur leur ordinateur. Même pour les mariages, il se trouvait toujours un invité pour offrir d'effectuer le reportage avec son matériel, cela tuait le métier. Comme si l'on pouvait s'improviser photographe, comme s'il suffisait d'appuyer sur un bouton pour immortaliser un événement !

L'homme approchait de la soixantaine et ressemblait à ces vieux élégants qui n'avaient pas remarqué que les rôles de jeunes premiers étaient attribués depuis longtemps à des acteurs de générations plus récentes. Il avait certainement représenté un personnage incontournable de la ville, l'invité des repas de mariage, de baptême et de communion, entre le curé et le maire. Mais aujourd'hui, il n'était plus réellement un artiste reconnu et peinait à s'afficher comme commerçant aux affaires florissantes. Il soigna la position du foulard qui entourait son cou, feignit de s'activer derrière son comptoir, nous demanda ce qu'il pouvait faire pour nous aider.

S'il en était un qui avait compris depuis longtemps que l'enquête allait s'orienter autour des reines des Mouettes, c'était bien lui, qui se flattait, sur un mur de sa boutique, de son titre de photographe officiel de la manifestation, avec, preuves à l'appui, les portraits un rien retouchés des dix dernières élues. Il nous avoua ne pas avoir le cœur d'enlever les clichés des deux Marine, les plus réussis de sa galerie, malgré leur mort dramatique. Tout juste avait-il posé un crêpe noir sur un angle de chacune des photos…

Prenant le taureau par les cornes, Gildas confia à

Edmond Carro le sentiment qui nous inclinait à situer le coupable parmi les habitués de la Fête des Mouettes. Et quel œil plus aiguisé que le sien aurait pu reconnaître, parmi les individus qui gravitaient autour des étoiles du jour, quelque pervers en mal de sensations et de fantasmes sexuels ? Le photographe haussa les épaules en expliquant que, ce dimanche-là, la fête ne lui appartenait pas. Son œil était rivé sur le spectacle, à travers l'objectif car il était désireux de ne pas rater un seul moment fort de la journée.

Gildas insista, lui parla des semaines qui suivaient les manifestations, des photos en costume dans son studio, des portraits officiels qui finissaient sur les affiches, dans la presse et les magazines régionaux, des reportages sur les reines que glanaient les journaux bretons. En pure perte, le photographe semblait fouiller dans sa mémoire sans y déceler le moindre souvenir intéressant. Et pourtant, il se concentrait, le bougre !

— Il y a bien quelqu'un, mais non, ce ne peut être lui... finit-il par dire.

— Cela, laissez-nous le soin d'en juger, monsieur Carro, c'est notre métier ! répliqua Gildas Troupel, piqué d'en savoir davantage.

— L'une des années, un client m'avaient demandé des clichés un peu plus sophistiqués de la reine. Il s'agissait de l'un des sponsors trouvé par le comité d'organisation et il souhaitait utiliser l'image de la reine des Mouettes pour une campagne de publicité. Seulement, je ne possédais pas de maquilleuse disponible, pas plus que de coiffeuse, et il était pressé. Il se trouvait juste dans mon magasin un jeune homme qui m'expliqua qu'il passait ses vacances dans la région, mais travaillait dans un grand salon de coiffure parisien et savait aussi bien coiffer des stars que les maquiller. Il s'offrait d'œuvrer gratuitement, j'ai accepté. Il nous a donc accompagné sur la plage des Dames où j'ai pris une série de clichés de la belle, avec l'île Tristan en paysage de fond. Le travail de ce garçon fut tout simplement exceptionnel. Il s'est même proposé d'officier gratuitement pour la Fête des Mouettes.

— Et quelle est l'identité de ce jeune homme si charmant et si serviable ? questionna Gildas, sentant poindre l'issue de notre tunnel.

— Gaétan, Gaétan Guidel ! se souvint le photographe. Mais il ne peut être le coupable de ces meurtres, il m'a adressé une carte postale de Los Angeles, avant la fête suivante, pour m'expliquer qu'il travaillait désormais à Hollywood et ne pouvait se déplacer. Depuis lors, il m'écrit chaque année pour me demander si tout se passe bien. Il a mieux à faire que de tuer des Mouettes en Bretagne…

— On va quand même mener notre enquête, par acquit de conscience, monsieur Carro ! assura Gildas en serrant la main du photographe pour prendre congé. Bien des investigations conduisent à des impasses, parfois la chance nous sourit, et l'une d'entre elles permet de résoudre une affaire criminelle... Nous risquons de revenir vous déranger, si nous avons besoin d'informations complémentaires...

— À tout hasard, intervins-je, vous n'auriez pas une photo de ce garçon, cela faciliterait notre recherche... Les autorités américaines sont parfois lentes à investiguer pour notre compte, une idée de sa physionomie nous permettrait de gagner du temps...

— Je crois que je dois avoir cela dans un tiroir. Une photo sur laquelle il pose justement avec Marine Urvoas, enfin Marine Chacun, la première reine qui a bénéficié de ses soins. Je dois l'avoir dans ce classeur... Tenez, voilà ce fameux cliché, s'il peut vous être utile, mais vous faites fausse route, ce garçon s'occupe des stars hollywoodiennes et ne ferait pas plus de mal à une Mouette qu'à une mouche...

En revenant à la gendarmerie, satisfaits de notre bonne pioche, Gildas et moi nous laissions aller à quelques prospectives positives. Quelle ne fut pas notre joie commune de découvrir Dominique Vasseur, penchée sur les premiers résultats des travaux de recherche des filles !

Visiblement, elles n'avaient pas, elles non plus, perdu leur demi-journée ! Quatre sourires se tournèrent vers nous et Sarah s'instaura, naturellement, porte-parole :

— Grâce au travail colossal de Rosie, nous avons pu cerner quatre profils d'internautes qui peuvent correspondre à notre tueur. C'est une première étape. Il nous faut à présent affiner la personnalité de chacun, préciser les croisements d'informations et, enfin découvrir l'identité de l'individu qui se cache derrière chaque pseudonyme bidon. On avance, mais la partie n'est pas finie !

— L'un des quatre "nominés" de votre grand concours ne répondrait-il pas à l'humble surnom de Chevalier blanc ? questionnai-je avec la conviction que j'allais obtenir une réponse positive. Car si tel est le cas, nous vous faisons gagner une demi-journée de travail...

— Oui, tu as raison ! répondit Sarah, sidérée. Comment le sais-tu, alors qu'il nous a fallu près de trois heures pour arriver au même résultat, après de multiples recoupements ?

— Voilà la raison pour laquelle Gildas et moi sommes les chefs, et vous, le petit personnel ! répliquai-je en tournant ma tête vers mon acolyte. Bien sûr, cette remarque ne vous concerne pas, Dominique, car vous, vous êtes le chef suprême de ce groupe motivé et performant...

— Cela allait sans dire ! ponctua la magistrate sur le même ton. Je trouve même consternant de constater qu'il vous faut le préciser, comme si mon autorité souffrait de la plus infime contestation ! Dire que j'avais acheté du kouign amann, pour encourager mes troupes ! Car, sachez-le, on ne gratifie jamais assez ses subalternes, à tous les niveaux de l'échelle. Auparavant, le capitaine Cortin nous attend tous les six au mess des officiers pour le déjeuner…

En cours de repas, Dominique Vasseur nous parla de sa matinée en compagnie du couple Urvoas, les parents de Marine Chacun. Ils n'arrivaient plus à assumer leur pâtisserie et en avaient laissé les rênes à leurs employés pour quelques jours, comme lorsqu'ils partaient en vacances. Ils appréciaient néanmoins que Sylvain, leur gendre, ait accepté que l'enterrement se déroule à Douarnenez et que Marine rejoigne le caveau familial. Le pauvre garçon avait pris quinze jours de repos, lui aussi, pour tenter de se remettre les idées en place. Il avait confié Théo à une voisine dont le gamin avait presque le même âge, car il ne sentait pas encore la force de lui expliquer qu'il ne reverrait plus sa mère. Sylvain errait dans sa maison vide comme une âme en peine, quand il ne restait pas prostré dans le fauteuil du salon à contempler durant des heures entières la photo de leur mariage qui trônait sur le manteau de la cheminée.

La magistrate nous apprit également que l'inhumation aurait lieu le lendemain matin, qu'elle y serait présente et qu'elle tenait à ce que son équipe se trouve au complet autour d'elle pour leur montrer la cohésion de la police et de la gendarmerie, la détermination commune à mettre un terme aux crimes de cet abominable assassin, le soutien de la justice et des forces de l'ordre à la famille en deuil. S'il était des moments dans lesquels Dominique excellait, c'étaient ceux-là, quand elle prenait à part entière sa place de général à la tête de son bataillon de bonnes volontés, unité formée de policiers comme de gendarmes. Le capitaine Cortin lui-même apprécia l'exhortation comme la mise en valeur du travail d'équipe dont il se félicitait, lui aussi. On s'apprêtait à repartir à notre enquête quand elle nous retint tous deux, Gildas et moi.

— Vous ne devez pas laisser les filles toutes seules, livrées à elles-mêmes, et partir de votre côté ! nous reprocha-t-elle. Ce qui valait pour le premier jour n'est pas forcément efficace pour les autres. Sans me vanter, si elles ont tant bossé, toutes les trois, c'est en raison de ma présence, derrière elles. Il ne faut pas les blâmer, elles n'y sont pour rien. Livrées à elles-mêmes, elles ne saisissent pas forcément l'extrême nécessité d'avancer rapidement sur ce dossier. Voilà pourquoi nous allons travailler tous ensemble cet après-midi. J'ai pris deux chambres d'hôtel au centre-ville, l'une pour moi, l'autre pour Julie, à qui j'ai demandé de venir me rejoindre en soirée, avec mes autres dossiers en instance.

Le message était clair, il eut le mérite de nous extirper d'une certaine euphorie pour nous recentrer sur l'essentiel. Travaillant tous comme des damnés dans une salle de conférence que le capitaine Cortin avait mis à notre disposition, on avançait sur les trois pistes qui nous semblaient prioritaires : le Chevalier blanc d'Internet, les antécédents de Fabien Servan, le guide et gardien de l'île Tristan, le parcours de Gaétan Guidel, le maquilleur des reines des Mouettes et des stars hollywoodiennes. D'autorité, Dominique avait organisé les équipes. Sarah et Rose-Marie sur les ordinateurs où elles avaient déjà maintes fois prouvé leur efficacité. Gildas et Eva à la pêche aux informations sur l'amoureux transi d'Iseut et de la reine Dahut, un garçon de Douarnenez, un secteur qu'il maîtrisait parfaitement. La magistrate et moi-même sur la piste de Gaétan Guidel, depuis le salon où il travaillait à Paris jusqu'à… on ne savait où.

Elle voulait des résultats avant la fin de la journée et les premiers à livrer leur rapport furent les gendarmes, seulement les nouvelles rapportées n'étaient pas de nature à nous enflammer : Gildas et Eva n'avaient récolté que des louanges sur le travail de Fabien Servan de la part de son chef. Sur sa passion pour le métier, sur sa politesse, sa ponctualité, son sérieux, son talent de conteur avec les touristes. D'ailleurs, un projet ambitieux pour l'île, en vue de valoriser ce site historique et d'attirer les touristes, se mettait en place depuis quelques mois et les promoteurs du dossier comptaient sur Fabien Servan pour animer les visites par son savoir incomparable. Enfin, un détail qui devrait l'innocenter totalement : le gardien passait toutes ses nuits sur l'île, sans jamais se faire remplacer. Ce à quoi je répliquai, bien que n'y croyant pas moi-même, que rien ne l'empêchait de monter dans son canot pour rejoindre le continent, puisque personne ne le surveillait.

Pour leur part, Sarah et Rose-Marie piétinaient. Je ne connaissais pas la complexité de la recherche d'une identité à partir d'un pseudonyme, je savais seulement que, pour la première fois depuis que je la connaissais, l'Antillaise achoppait devant un problème informatique. Et je la connaissais, rien ne l'exaspérait davantage que de se trouver face à ses limites devant une boîte à puces. Et plus Sarah la titillait, plus elle s'énervait.

De notre côté, Dominique et moi, nous avions remonté le parcours professionnel de Gaétan Guidel qui s'arrêtait dans un grand salon parisien, comme il l'avait précisé à Edmond Carro, avant son envol vers les États-Unis. Dès lors, les recherches s'étaient avérées plus difficiles, même si Dominique possédait quelques contacts à l'ambassade de France, suite à un stage professionnel aux USA, et une excellente connaissance de la langue anglaise, accent américain compris, pour entrer en relation avec l'employeur californien du Français... et apprendre que le garçon avait changé de société, sans obtenir le nom de son nouvel employeur. Il fallait donc s'armer de patience pour obtenir l'information la plus importante : Gaétan Guidel travaillait-il toujours aux États-Unis ou était-il rentré en France, en toute discrétion ?

Je pris Dominique à part pour lui susurrer à l'oreille :

— J'ai moi aussi quelques relations dans des bureaux chargés de tout savoir sur les habitants de notre pays. Je n'ai pas le droit d'utiliser trop de jokers de ce genre, mais si vous jugez crucial de connaître la position actuelle de ce garçon sur la planète, je peux entamer un protocole pour rentrer en contact avec mon ancien patron, toujours opérationnel à la DGSE. Dès lors, retrouver la trace de Gaétan Guidel deviendra une priorité d'État.

— Il se fait tard, notre équipe est épuisée, Julie ne va pas tarder à arriver, répondit Dominique après une mûre réflexion. Ce n'est pas Ben Laden, tout de même, ce garçon ! J'imagine que vous pouvez avoir à rendre des comptes, par la suite…

— Moi non, le grand patron de l'enquête, c'est vous !

— J'ai les épaules larges, c'est cela ? Comme la taille ? Et votre kouign amann n'a rien d'un produit amincissant… Vous ne ratez jamais une occasion de vous montrer désagréable avec moi !

— Le point commun entre une magistrate et une chatte, c'est que toutes deux savent très bien retomber sur leurs pattes !

— Et la différence, Capitaine, expliquez-la-moi, en veillant à ne pas récolter un outrage à magistrate ?

— Une chatte sait divinement bien faire patte de velours.

— Perdu, c'est encore un point commun, mais vous n'êtes jamais resté assez longtemps en contact avec une magistrate pour le tester…

Vexée de son échec, Rose-Marie voulait à tout prix rester travailler, alors que Dominique désirait nous offrir une assiette de fruits de mer pour nous récompenser de notre persévérance. En plus, l'Antillaise n'aimait ni les coquillages ni les crustacés. Il fallut l'effort de chacun pour l'extirper de devant son écran en lui expliquant qu'une nuit de repos lui clarifierait les idées. La solution apparaîtrait comme par magie, quand elle retrouverait son clavier. Elle finit par en accepter l'augure et rejoignit le groupe jusqu'à un petit restaurant voisin, connu des gendarmes de la ville. Il suffisait de contempler le visage hilare de Dominique pour comprendre qu'elle aimait ce travail d'équipe, l'odeur du terrain, les réflexions de groupe, elle que sa fonction cantonnait si souvent à une fastidieuse besogne de bureau, le nez penché sur un dossier pour se fonder une opinion sur une affaire, avant de la présenter à un juge d'instruction. Et que dire de Julie à qui j'avais demandé de se tenir à carreau et de ne surtout pas évoquer nos nuits câlines et coquines si elle ne voulait pas que je me fâche à jamais avec elle…

— Moi, colporter des détails croustillants de notre intimité ? Vous me connaissez, Capitaine, tout de même ! s'insurgea-t-elle à haute voix, scandalisée, ce qui fit déjà se retourner quelques têtes.

— Justement, je te connais, c'est pour cela que je crains le pire ! susurrai-je à son oreille. J'ai une réputation, moi ! Et une fille à peine plus jeune que toi !

— Quatre ans, quand même ! Et puis, physiquement, je fais beaucoup plus mûre qu'elle ! Comment vous la trouvez, la grande blonde ? On dirait un balai renversé à poils jaunes. Aucun style, aucune classe...

— Si tu me demandes mon avis, je dirais qu'elle a certes quelques centimètres de moins que toi sous la toise, mais certainement la taille supérieure en bonnets et un fessier qui remplit son jean. Elle possède un charme certain, une élégance naturelle, de la retenue... elle !

— Il est agréable, le petit adjudant-chef ! Souriant, détendu, poli, courtois... lui ! Il doit bien avoir dix ans de moins que vous... Et je suis certaine que si nous couchions ensemble, le lendemain matin, il me permettrait de le tutoyer...

— C'est fini les messes basses, en fin de cortège ! intervint Dominique, sans se retourner. Le capitaine Paul Capitaine chercherait-il à soudoyer ma secrétaire ? Si notre compagnie vous dérange, tous les deux, on peut vous installer à une table à part, au restaurant...

— À moins qu'ils ne sautent la case dîner et passent directement à la partie gratuite dans la chambre ! glousse Sarah qui détestait les moments que je passais avec Julie et savait me le renvoyer de façon cinglante à la figure.

Le repas se passa de manière agréable. Les fruits de mer étaient succulents, pêchés de la journée. Si le plateau ne comportait pas d'oursins, la conversation en cachait quelques-uns que tous les convives ne surent détecter, par chance ! Gildas me regardait quand même, avant de se tourner avec beaucoup d'attention vers Dominique qui ne le repoussait pas. Sarah s'était imposée sur mon côté droit, incitant Rose-Marie à occuper le gauche, de sorte que Julie dut se contenter d'un bout de table, près d'Eva. Comme le disent fréquemment les commentateurs sportifs : ces deux-là ne passeraient pas leurs vacances ensemble, n'arrêtant pas de se chercher par des allusions aussi stupides que blessantes.

Bien sûr, on parla de l'enquête, des deux Marine, de Fabien, le guide romantique et envoûtant, de Gaétan, le joli cœur aux intentions suspectes, du cimetière de Tréboul avec vue sur la mer, de la prolifération de sites difficilement contrôlable sur Internet, des jeux de rôles. Mais aussi du kouign amann, du passé de la ville que le patron du restaurant connaissait sur le bout des doigts, de la révolte des Penn Sardines en 1924, du premier maire communiste de France, de la première conseillère municipale du pays, de la Fête des Mouettes… D'une existence de gendarme avec ses devoirs de réserve, d'une vie de policier avec ses contraintes, de la tenue des jeunes femmes en uniforme… Le tout arrosé d'un muscadet sur lie auquel, naturellement, l'adjudant-chef Gildas Troupel ne toucha pas.

Les autres clients avaient déserté la salle depuis près d'une heure que la joyeuse équipe riait encore aux éclats, les mains occupées par les dernières pattes d'araignées de mer. Le chef vint recueillir nos compliments. Il fallait dire qu'il n'avait pas lésiné sur la marchandise, d'autant que quelques victimes de la dictature de la balance pinaillaient sur le contenu de leur assiette, par crainte de prendre du poids. Mais pas Dominique, rassurez-vous, qui n'avait jamais dégusté une mayonnaise aussi savoureuse et félicita l'homme en blanc pour son tour de main. Incité par Gildas, le cuistot qui avoisinait l'âge de la retraite et avait vécu toute son existence à Douarnenez, évoqua sa ville :

— Si je vous disais qu'ici, dans les années 1900-1920, on comptait plus de huit cents bateaux ! Parfois, des chalutiers revenaient avec 60 000 sardines, pour alimenter la quarantaine de conserveries de la ville ! Un gars a même remonté d'un coup de filet, 20 000 sardines ! Dans le langage du port, on disait, en une telle circonstance, que le poisson était fou ! À l'époque, d'ici, on alimentait quasiment le monde entier en conserves de poisson… Et puis les sardines ont quitté nos côtes, la manne s'est peu à peu tarie et, de nos jours, le port de Rosmeur ne tourne presque plus. Il ne reste plus que trois conserveries, même si Douarnenez reste encore la capitale européenne en la matière. On a cru que le Port-Rhû allait relancer la machine avec un afflux de touristes autour du port-musée. Hélas, ils n'ont pas fait appel à moi, pour tourner la mayonnaise, elle n'a pas pris comme on l'espérait. Pourtant, la passion de la mer, des bateaux et de la pêche habite toujours la population… Mais je ne vais pas vous gâcher la soirée, surtout que vous semblez avoir fait honneur à mes coquillages et mes crustacés !

Au dessert, personne ne prit la spécialité locale, les estomacs n'y auraient pas résisté ! Certains se rabattirent sur une île flottante, même si elle ne se nommait pas Tristan, d'autres sur la salade de fruits, même s'ils n'étaient pas de mer ! Le patron revint avec des verres à digestif et une bouteille de lambic et même Gildas fut forcé d'en goûter une larme pour trinquer à l'heure du toast. Face à moi, Dominique riait aux éclats, ce qui m'inspira :

— Au premier substitut de France qui sait lever le verre de lambic avec son équipe d'enquêteurs ! Et au rapprochement des deux corps les mieux constitués du pays : la gendarmerie et la police !

V

Mercredi, dix heures trente, cimetière de Douarnenez-Ploaré. La famille Urvoas était réunie autour du cercueil de Marine Chacun. Son mari semblait perdu au milieu de la foule, serrant dans ses bras le petit Théo qui devrait vivre désormais sans l'affection de sa mère. Nul ne savait où s'arrêtait le cercle des proches ni où commençait celui des amis, des voisins, des clients de la pâtisserie. Comme à l'église plus tôt, Dominique, vêtue d'un tailleur noir très strict, nous avait demandé de nous tenir en retrait. Cette cérémonie m'avait valu quelques dépenses vestimentaires, pour moi certes, mais surtout pour Sarah qui n'avait rien de décent à se mettre et se trouvait dans le rouge avec son compte bancaire. Rose-Marie n'avait pas fait d'effort particulier. Sa tenue colorée devait en choquer plus d'un, mais aux Antilles, la couleur avait droit de cité partout, même à l'enterrement. Les gendarmes ne se trouvaient pas confrontés au même problème : Eva, Gildas, le capitaine Cortin, les collègues qui les accompagnaient, tous arboraient leur tenue officielle, gants blancs compris.

Un moment, Sarah me demanda d'approcher mon oreille de sa bouche et me susurra quelques paroles en me désignant discrètement du doigt une grande femme brune, toute de noir vêtue, les cheveux tenus par un chouchou noir, les yeux cachés par des lunettes de soleil, malgré un ciel gris de circonstance.

— Je connais cette fille, pourtant ce n'est pas l'une des reines des Mouettes, celle-là ! Dans la foule, j'en reconnais trois que nous avons rencontrées hier. Non, l'autre, je l'ai déjà croisée, mais je ne sais pas où. À Quimper, en ville, dans un magasin ? Ailleurs, au cours d'une enquête ? En boîte de nuit, l'un de ces soirs ? Ou alors, c'est un parfait sosie, mais de qui ? Et puis, avec les lunettes de soleil, ce n'est pas facile ! Pourtant, je la connais...

— Quelle importance, en cette journée ?

— Aucune, sans doute, tu as raison ! N'empêche, je connais cette nana...

Je sentis Sarah obnubilée par cette fille, au point de tenter de s'en rapprocher au moment des condoléances, alors que Dominique nous demandait de rester groupés, ce qui m'incita à la retenir par le poignet. Un moment, elle la perdit de vue et m'en voulut de l'empêcher d'aller au bout de son idée. Ce fut enfin notre tour de venir saluer la famille de la défunte. On serra, les uns après les autres, la main de Sylvain Chacun, digne dans la douleur, de Fanch Urvoas, le pâtissier animé de tics nerveux en cet instant pénible, et de son épouse Maïté aux yeux gonflés et rougis par les pleurs. Dominique passa la dernière et s'isola un long moment avec eux. Elle leur parlait à voix basse, puis elle les embrassa. La maman s'effondra dans ses bras, anéantie par l'affliction.

— Je vous promets que nous retrouverons rapidement l'assassin de votre fille, Madame ! Mon équipe y travaille d'arrache-pied et suit une piste solide. Je ne peux vous en dire davantage pour l'heure, mais ce crime crapuleux ne restera pas impuni !

Elle était belle et grande dans ce rôle de consolatrice qui ne l'écrasait pas. On sentait chacun de ses mots, pesé, convaincu, provenant de bien plus loin que de la bouche ; son visage était empli de compassion et de détermination. Il m'en avait été donné de voir, dans ma carrière, des chefs adressant quelques paroles aussi convenues qu'insignifiantes à des êtres broyés par le chagrin, familles de collègues ou de victimes d'une bavure. Je me souvins d'un policier tombé lors d'une opération en Afrique et dont le grand patron ne cessait d'écorcher le nom, au moment de l'éloge funèbre, tout en le tutoyant comme s'il avait été un intime depuis des décennies…

La promesse de Dominique ne procédait pas de la même formalité, elle nous engageait à mettre les bouchées doubles, sans nous éparpiller. Elle n'occultait pas la peine de la famille, elle lui apportait seulement l'apaisement, si important en de tels instants, en rappelant que leur fille existait encore pour les enquêteurs qui traquaient son assassin. Pour eux-mêmes, dans leurs cœurs de parents, elle trouverait un endroit où se blottir, elle se rappellerait à la mémoire de tous lors d'un anniversaire ou d'une fête de famille... Telle est la place de ceux qui partent en ceux qui restent : une petite niche du cœur où le souvenir bat sans cesse en brèche l'oubli...

En se retournant, d'un signe de la tête, le substitut du procureur nous invita à nous éloigner pour regagner la gendarmerie. Et comme un seul homme, de l'expérimenté et autoritaire capitaine Cortin à Rose-Marie, la simple enquêtrice, nous nous glissâmes en silence dans son sillage pour quitter le cimetière et nous remettre à la besogne. Pour Dominique, il ne s'agissait pas d'une démonstration d'autorité, juste de la volonté d'imposer une image rassurante au public, et surtout aux parents de Marine.

La matinée approchait de sa fin et, à l'issue de la cérémonie, il était difficile de se concentrer sur les dossiers à mener, malgré la volonté qui nous animait tous. Dominique décida de regagner Quimper, rejoignant ainsi Julie, repartie à la première heure. Rose-Marie réclama de l'accompagner, préférant travailler sur ses ordinateurs qu'elle maîtrisait parfaitement, plutôt que sur les matériels de la gendarmerie aux logiciels bien différents. Dès qu'elle aurait des résultats probants, elle promit de les communiquer à Eva pour ne pas perdre de temps. Je sentais Sarah perturbée par cette apparition qu'elle n'arrivait pas à identifier. Je la connaissais suffisamment pour savoir qu'elle irait au bout de sa réflexion, aussi la laissai-je gamberger un moment, tout aussi persuadé, vu notre court passé commun, du bien-fondé des intuitions de ma fille.

Gildas vint alors me voir pour me suggérer de photocopier la photo de Gaétan Guidel et de la placarder en nombre dans la ville, avec un appel à témoin. Je me montrai réticent car les gens feraient rapidement un rapprochement entre ce personnage, pour l'heure simple suspect, et les deux meurtres qui alimentaient les conversations des habitants. Si, par hasard, il sillonnait toujours la région, il se ferait lyncher au premier coin de rue !

L'après-midi débuta par une bonne nouvelle du côté de Rose-Marie. Elle n'avait pas encore l'adresse du Chevalier blanc, et pour cause, il répondait souvent à partir de cybercafés, doté d'un appareillage sophistiqué. Elle-même s'était inscrite, à partir de l'adresse d'une cousine aux Antilles, à Tristan, Roleplay, et elle commençait à intéresser les autres participants. Comme elle avait expliqué au Chevalier blanc, en chat privé, c'est-à-dire, hors jeu, qu'elle écrivait de Guadeloupe et qu'elle désirait savoir s'il connaissait "les Îles", riches elles aussi en légendes et histoires romanesques, son interlocuteur lui avait répondu qu'il avait vécu aux États-Unis, avait fait un séjour aux

Bahamas, mais ne connaissait pas les Antilles. En concluant que, de toute manière, il préférait la métropole, ce qui signifiait qu'il se trouvait sur le territoire français.

Dans le même temps, Gildas avait reçu les états de service de Fabien Servan et constaté que le garçon avait pas mal bourlingué avant de se poser à l'île Tristan et qu'il semblait parfaitement maîtriser l'informatique, puisque cet argument faisait partie du CV qu'il avait présenté à son embauche. Les deux pistes restaient donc valables et rien ne pouvait, pour l'heure, considérer "Chevalier blanc" comme le pseudo de l'un des deux suspects potentiels. Il fallait à tout prix éliminer l'un des noms, pour avoir une chance de parvenir à nos fins. Voilà pourquoi, avec l'accord de Dominique, je décidai de contacter Condor, pseudo de mon ancien patron de la "Cellule-Élysée", travaillant toujours à la DGSE. Un long protocole qui me bloquait à la gendarmerie pour la journée. Il nous fallait donc prendre notre mal en patience. Les deux filles nous demandèrent l'autorisation de s'aérer, permission accordée, elle l'avait bien méritée, elles qui n'avaient pas quitté l'écran de l'ordinateur ni les feuilles de papier depuis des heures. Gildas en profita pour classer de la paperasse et mettre de l'ordre dans son dossier, dans l'espoir de tomber sur un détail qui lui aurait échappé. Il pestait de ne pouvoir avancer plus efficacement sur cette affaire.

— Nous aurions pu nous arranger pour récupérer les empreintes de Fabien Servan lors de notre visite sur l'île Tristan ! marmonnait-il, le nez penché sur ses feuillets. Nous l'avions à portée de main et nous n'avons pas su profiter de l'occasion…

— Je te rappelle qu'à ce moment-là, il était juste un guide qui nous faisait visiter les lieux, même s'il nous apparaissait un peu déjanté ! Nous ne disposions pas d'éléments suffisants pour l'interpeller et procéder à un examen plus minutieux de son cas. De plus, je ne le vois pas quitter son île pour fréquenter un cybercafé. En existe-t-il seulement un sur Douarnenez ?

— Tu nous prends pour des arriérés, Paul ? Bien sûr qu'Internet arrive jusqu'ici et que les gens y ont accès ! Nous pourrions d'ailleurs aller vérifier aux deux endroits que je connais, si Fabien Servan est l'un de leurs clients…

— J'attends un appel de Paris, je dois rester au bureau, on va attendre le retour des filles. Calme-toi, l'excitation ne mène à aucun résultat efficace… Un peu plus tard, il sera toujours assez tôt pour prendre le renseignement dans les cybercafés, même si je ne vois pas ce gars s'enfermer dans des lieux bruyants…

La fin d'après-midi se déroula ainsi à vérifier une énième fois les documents en notre possession dans l'espoir d'y découvrir un détail qui aurait échappé à notre vigilance. Jusqu'aux environs de dix-huit heures – enfin un peu avant – c'est-à-dire jusqu'à l'instant où Eva et Sarah revinrent à la caserne de gendarmerie, encadrant Fabien Servan, menotté, qu'elles traînaient de force vers nous ! Ma fille était hilare en se plantant devant moi.

— Monsieur se vante d'incarner le Chevalier blanc, protecteur des belles dames et des gentils damoiseaux ! clama-t-elle dans le couloir. On avait décidé de visiter l'île Tristan et ce joli cœur nous a joué le grand numéro de l'amour éternel, chaste et pur, arguant même qu'il lisait dans les yeux d'Eva comme dans ceux d'Iseut ! Si ce ne sont pas des aveux, ces paroles…

— Sarah, il en faut davantage pour mettre un individu en examen, tu le sais bien ! lui répliquai-je, abasourdi. Son avocat se fera un plaisir de le faire libérer dans les plus brefs délais…

— Une petite garde à vue ne lui fera pas de mal, à cette gueule d'ange ! Et puis, quand on vit hors de son siècle, qu'on se balade en permanence dans le temps et l'espace, une maison sur un îlot désert ou une cellule de gendarmerie, cela ne doit pas représenter une grande différence… Je te laisse l'interroger et surtout prendre ses paluches. Si ses empreintes sont identiques à celles de notre dossier, prises sur les corps des deux victimes, plus de doute !

— Tu as raison, nous allons comparer ses empreintes et son ADN avec ceux de l'assassin, retrouvés sur le corps de Marine Chacun, puisque nous tenons ce lascar dans nos murs, soupirai-je au moment où Gildas pointait son nez, craignant d'avoir raté un épisode en découvrant le bel éphèbe derrière les barreaux de la cellule, tête basse et faconde en berne.

Dès qu'il eut appris le déroulement des événements, il félicita Eva qui lui répondit par un sourire satisfait, puis il nous suggéra de retourner à l'hôtel nous reposer de notre journée. Il se chargerait lui-même de l'interrogatoire et de la prise d'empreintes. Par malchance, l'équipe locale de l'identité judiciaire se trouvait au Juch, appelée sur une autre scène de crime, et ne rentrerait pas d'assez bonne heure pour effectuer les comparaisons d'empreintes et d'ADN.

Il était inutile de rester tous attendre le retour des scientifiques, alors que le lendemain serait certainement une grosse journée, vraisemblablement capitale.

Gildas avait raison et connaissait son métier autant que nous. Et puis nous étions sur ses terres, dans ses bâtiments, invités à l'aider dans son enquête ! De plus, s'il s'avérait que Fabien Servan était bien notre homme, Eva et lui retireraient davantage de profit d'une telle prise que Sarah ou moi. Même si ma fille trouvait la pilule amère, alors que, selon ses dires, l'initiative était venue d'elle et que la gendarmette avait seulement suivi les événements, sans trop forcer son talent.

Pour la calmer, je me proposai de lui offrir un

Martini-Gin dans un bar du port de Tréboul, plus moderne que le café de l'hôtel et sa clientèle d'habitués de longue date… Ensuite, nous irions manger un bout dans le secteur. Bien m'en prit car notre journée n'était pas achevée.

À peine étions-nous installés dans la salle du Grand Foc que Sarah tourna la tête sur sa gauche, cria : « C'est elle ! » et se leva d'un bond pour venir s'asseoir en face d'une fille qui sirotait un coca, le regard jusqu'alors absent.

— Je te remets, à présent, Marina Marchal, école de police de Cannes-Écluses ! annonça ma fille, satisfaite du bon fonctionnement de sa mémoire. Sarah, Sarah Nowak, tu ne te souviens pas de moi ?

— Si, bien sûr, Sarah Nowak ! balbutia la jeune femme dont la mimique du visage indiquait qu'elle n'était pas réellement satisfaite de la rencontre. L'une des plus brillantes élèves de la promotion, la meilleure même, je crois… Tu es en vacances dans la région ?

— Non, je suis en poste à Quimper et en charge d'une affaire criminelle sur Douarnenez. Je t'ai vue, ce matin au cimetière. Tu connaissais Marine Chacun ?

— Je connaissais Marine Urvoas, son nom de jeune fille. Je suis originaire de Tréboul, tu ne t'en souvenais pas ? Il me semble pourtant que nous en avions discuté ensemble ; si je me souviens bien, tu recherchais quelqu'un dans la région, ton père, je crois ! Je suis en vacances chez ma mère pendant quelques jours. Sinon, je suis en poste en région parisienne. C'est ton équipier ?

— Oui, le capitaine Paul Capitaine ! exprima Sarah avec fierté. Mon supérieur et aussi mon père ! Eh oui, je l'ai retrouvé et je ne le regrette pas ! On enquête sur un gars qui s'en prend aux reines des Mouettes. Tu n'as pas été élue une année, je l'espère pour toi, car les deux victimes se prénommaient Marine ! Marine, Marina…

— J'aurais pu, j'aurais même dû gagner, j'ai été recalée au dernier moment, répliqua la policière, encore amère. Une année avant Marine Plomeur. Une sombre histoire de quartiers, à ce que j'ai cru comprendre, il fallait une fille de Ploaré, cette année-là, pour respecter une rotation établie depuis longtemps. Mais j'ai été dauphine quand même…

— On pourrait dîner ensemble, ce soir, histoire de se remémorer quelques moments épiques de notre formation et de savoir comment nous avons évolué depuis ? proposa Sarah, excitée de retrouver une compagne de formation. Nous devons avoir une foule de détails croustillants à échanger ! Et puis, tu me parleras un peu de cette ville que je découvre…

— Non, ce ne sera pas possible ! coupa sèchement Marina. Ma mère n'est pas bien physiquement, d'ailleurs, il faut que je rentre. Elle a un lourd traitement à prendre à cause de son état de santé et je dois le lui administrer puis veiller sur elle jusqu'à ce qu'elle s'endorme. Une autre fois peut-être... Bonne chance pour ton enquête ! Cela m'a fait plaisir de te revoir...

Marina Marchal s'envola sans demander son reste, laissant Sarah médusée, avec une foule de questions qui l'assaillaient. Elle finit par quitter sa chaise et revenir vers moi et m'assura que cette fille lui cachait quelque chose, et les cachotteries entre copines, elle détestait ! Je lui montrai son Martini-Gin qui l'attendait et je lui tendis la coupelle de cacahuètes, en pure perte ! Quand Sarah avait une idée en tête, plus rien d'autre ne comptait. Il aurait pu passer devant elle Brad Pitt en maillot de bain, elle ne l'aurait pas remarqué !

— Je suis certaine qu'elle m'a menée en bateau ! Elle n'est pas plus à Douarnenez par hasard que nous-mêmes. Et son histoire de mère malade, je n'y crois pas un instant ! Un prétexte, rien de plus ! Elle pensait devenir reine des Mouettes, elle s'est vautrée, elle n'a pas encaissé l'affront, elle se venge des gagnantes... Limpide ! Voilà pourquoi les filles n'ont pas été violées, que de temps perdu à chercher à coincer un mec !

— Je te rappelle, à toutes fins utiles, que tu as déjà arrêté un suspect, il y a tout juste deux heures. On ne va pas placer toute la ville en garde à vue, quand même !

— En sport, c'était l'une des plus fortes ! Elle avait une de ses poignes ! Je me souviens, elle avait fait de la lutte bretonne… le gouren. Je n'avais jamais entendu parler de cela ! Un jour, pendant notre entraînement aux combats rapprochés, elle m'a défiée au gouren : c'est spécial, il s'agit d'une lutte debout dans laquelle le combat s'arrête, dès que l'un des adversaires touche terre avec une autre partie de son corps que la plante des pieds. Elle possédait une sacrée poigne et elle était rapide dans ses croche-pieds.

— Voilà comment tu t'es retrouvée le nez dans le tapis, ma pauvre fille, et pourquoi tu lui gardes un chien de ta chienne, à cette maudite Bretonne…

— Elle m'a eue par surprise, et puis ce n'est pas la question ! En informatique, elle pointait régulièrement dans le peloton de tête, elle jonglait avec les touches de l'ordinateur, presque comme Rosie ! Je vais me renseigner sur son parcours, je suis certaine qu'elle travaille dans la police scientifique ou un service technique ! Je vais commencer par récupérer son verre pour demander aux gendarmes de relever les empreintes, ensuite je vais demander à Rosie de me sortir son dossier…

— Juste une interrogation qui me traverse l'esprit, avant que tu ne commettes une erreur judiciaire… En tant que policière, tu étranglerais deux rivales de jeunesse, tu ne prendrais pas un minimum de précautions ? Comme, par exemple, porter des gants ou encore chercher à enlever les traces compromettantes d'ADN ?

— Il faut que je téléphone à Rosie pour la tenir au courant ! Marina a été contactée par le Chevalier blanc, elle se trouve donc sur la liste de ses correspondants sur le forum ! Quel pourrait être son pseudo ? Marina Urvoas-Chacun, c'était Maur29, les deux premières lettres de son prénom et de son nom, c'est logique. Et dans le jeu de rôles, elle incarnait Atlanta, une sirène. Marina Plomeur, son pseudo était encore plus simple, Mouette04, autant donner son identité ! Et elle incarnait la princesse Tombelaine. Marina aura choisi un truc plus alambiqué, c'est certain ! Par contre, si elle se trouve là, elle est donc toujours en contact avec le Chevalier blanc. Rosie n'aura aucun mal à l'identifier !

— Au fait, Rose-Marie a choisi quoi, comme pseudo ?

— DOMTOM, et son personnage se nomme Perle Noire, pourquoi ?

— Juste pour savoir ! Tu vois, Sarah, certains s'évadent du quotidien pour frapper à la porte des légendes ! Toi, tes fables sont ancrées dans le réel, dans le présent, dans l'actualité. Ton scénario est plausible, seulement il ne repose sur rien ! La maman de Marine est sans doute malade et sa fille, venue à son chevet… Si ce n'était pas le cas, pour faire preuve de bonne volonté et accorder un certain crédit à tes spéculations, histoire de passer une fin de soirée plus paisible, voilà la version que je te propose : elle est en contact informatique avec le Chevalier blanc, elle a compris que c'était lui qui avait assassiné les deux Marine. Elle sait qui se cache derrière ce pseudo, elle veut le coincer elle-même pour prendre une vengeance professionnelle sur le passé et donner un coup de pouce à sa carrière. Elle voit d'un mauvais œil la petite peste qui est sortie major de la promotion venir encore lui faire de l'ombre…

— Papa, tu es trop génial ! Mais c'est évident…

Sarah avala son Martini-Gin d'une traite, se leva pour s'approcher du comptoir et réclamer l'annuaire, revint avec l'adresse de Jeanne Marchal, la mère de Marina. 35, rue du Maréchal Foch. Elle s'approcha d'un plan de la ville punaisé au mur, nota que ce n'était certainement pas très loin et me demanda de me bouger en vitesse. J'aurais pu l'attacher à la chaise, elle aurait poursuivi sa route ainsi, les quatre pieds en bois sur le dos ! Elle ne tenait pas de moi cette opiniâtreté qui frisait l'obstination ! Je m'inquiétai de savoir si elle avait un plan d'attaque, elle me rétorqua qu'elle allait seulement passer devant la maison. Il faisait encore jour, avantage de la Bretagne sur les régions plus à l'Est, les volets ne seraient pas fermés, on verrait bien si la mère se trouvait ou non à l'article de la mort et alors, on aviserait. Elle était prête à parier que cette brave dame se portait comme un charme…

Un petit vent frais s'engouffrait dans les rues étroites qui montaient vers la partie haute de la ville. Je n'arrivais pas à suivre le rythme de Sarah qui arriva bien avant moi devant le numéro noté. Elle passa et repassa devant la fenêtre, jusqu'à mon arrivée. On y voyait juste Marina, penchée sur son ordinateur. Dialoguait-elle avec le Chevalier blanc ? Comment le savoir ?

Je raisonnai ma fille en lui conseillant de me suivre jusqu'au restaurant, on allait s'offrir un bon homard des côtes voisines, elle les adorait plus que tout, puis on irait se coucher et, quand on se réveillerait avec les idées claires, la suite du programme se révélerait avec évidence. Sans me répondre, m'avait-elle seulement entendu, Sarah continua sa marche vers le haut de la rue. Je la suivis du regard, totalement découragé, et je compris son idée quand je la vis pénétrer dans une pharmacie. Elle en sortit peu de temps plus tard, un large sourire aux lèvres :

— J'ai expliqué que j'étais une amie de Marina Marchal, que je travaillais avec elle dans la police à Paris. De passage dans la région, je désirais lui faire un petit coucou, seulement, comme je savais que sa mère n'était pas en bonne santé, j'avais peur de la déranger. La pharmacienne a paru surprise, puis elle m'a rassurée très vite : depuis sa crise d'arthrose de l'hiver, la mère Marchal se porte comme un charme et effectue chaque jour sa marche jusqu'à la plage des Sables Blancs... Elle n'est pas claire sur ce coup-là, ma collègue ! Je me marre à l'avance en pensant à sa tête, demain matin, quand je vais venir lui annoncer que j'ai arrêté Fabien Servan, le Chevalier blanc ! À son nez et à sa barbe !

— Sauf que si, quand on l'a observée à travers la fenêtre, elle dialoguait avec lui sur Internet, cela signifie que Gildas ou Eva aurait installé un ordinateur dans la cellule de la gendarmerie…

— Pourquoi il faut toujours que tu me casses ?

— Pour mieux te reconstruire, mon enfant ! Au fait, le résultat du combat de gouren face à Marina ? Tu as eu le droit à une revanche, une fois que tu avais maîtrisé les règles de la lutte…

— Oui et, cette fois, elle m'a immobilisé les deux épaules au sol au bout de trente secondes, c'est ce que tu voulais entendre ? On appelle cela un lamm, si je me souviens bien… Bien sûr, elle jubilait… Il fallait bien que, quelque part, elle soit meilleure que moi…

— Je comprends encore un peu mieux pourquoi tu lui en veux à ce point ! La pilule n'a pas encore été avalée…

— Bon, tu me l'offres, ce homard que tu m'as promis, père indigne ?

Jeudi matin, mauvaise nouvelle ! L'ADN et les empreintes du suspect ne correspondaient pas à celles qui avaient été retrouvées sur les corps des victimes. D'ailleurs, Gildas Troupel avait déjà relâché Fabien Servan, non sans lui avoir demandé de rester à la disposition des enquêteurs.

En effet, en cours d'interrogatoire, il avait fini par

avouer qu'il allait régulièrement sur le même forum que les deux victimes et le Chevalier blanc, sous le pseudonyme de Hoël, du nom de l'amoureux de Dahut. Il y incarnait un rival du Chevalier blanc, nommé Prince noir. Il avait même reconnu les deux Marine derrière leurs faux noms trop faciles à décrypter. Il avait aussi parlé d'une Sirène océane qui semblait, depuis quelques semaines, très intéressée par la légende de Tristan et le jeu de rôles, et d'une Penn Sardin qui s'intéressait de près au Chevalier blanc.

Cela faisait trop d'indices pour Sarah qui me supplia de l'accompagner chez Marina Marchal pour lui réclamer quelques explications. J'hésitai à la suivre dans ses supputations, tout en convenant que la policière pouvait parfaitement se cacher derrière l'un ou l'autre des deux nouveaux pseudonymes annoncés. Nous allions partir lorsque Gildas m'apprit que le substitut désirait nous voir tous les deux à Quimper à l'heure du déjeuner. Pour entendre de vive voix les dernières avancées de l'enquête et pour nous fournir quelques renseignements qui émanaient de Paris, de la DGSE, à propos de Gaétan Guidel. Je compris que mon réseau avait fonctionné et que, comme je l'avais promis à Dominique, les informations transiteraient par elle, après avoir suivi la lente voie hiérarchique.

Pendant ce temps, Sarah téléphonait à Rose-Marie qui lui apprit que le Chevalier blanc se trouvait en Bretagne, puisque son dernier lieu d'appel était un bar de Locronan, visiblement équipé d'une installation Wi-Fi. Comme quoi la modernité rattrapait aussi les villages médiévaux ! Bien que très doué pour brouiller les pistes, il n'avait pu échapper à la vigilance du dispositif d'avant-garde que RMC avait installé sur son installation informatique personnelle, dont je n'arrivais toujours pas à savoir, soit dit en passant, si elle était légale ou non... Un jour, mon ami Jean-Luc Confort, le patron du Colibri, verrait débarquer deux collègues de l'équipe de lutte contre la cybercriminalité qui lui confisqueraient ses ordinateurs, avant de comprendre que la coupable était l'une des clientes de son hôtel...

Pour l'heure, elle avait réussi à récupérer, apparemment sans éveiller la méfiance de son interlocuteur, un fichier de ses récents échanges qui allait lui permettre de mieux connaître son réseau de relations privilégiées. Elle avait ferré le poisson, il fallait à présent attendre qu'il bouge à nouveau pour le remonter...

En frappant à la porte du domicile de Jeanne Marchal, je me demandais encore comment on allait pouvoir justifier notre venue. Quand la maman de Marina vint nous ouvrir, Sarah excella dans le genre faux-cul, en expliquant combien cela lui avait fait plaisir de revoir son ancienne copine de l'école de police, la veille au soir. Un superbe subterfuge pour réussir à s'introduire dans le domicile familial, en l'absence de l'intéressée. Jeanne Marchal était l'une de ces

Bretonnes, d'une époque hélas révolue, qui ne voyaient pas le mal autour d'elles, accordant leur confiance au premier venu qui s'approchait, le sourire aux lèvres, en se réclamant de l'amitié d'un proche. Elle s'excusa pourtant, car Marina était partie de bonne heure, ce matin, et avoua combien elle se faisait du souci pour elle, avec le métier dangereux qu'elle avait choisi.

Sans se démonter, Sarah lui parla de son propre quotidien, de son père, moi donc, médecin à Quimper, qui se faisait également un sang d'encre pour sa progéniture, en contact permanent avec des individus dangereux, mettant souvent sa vie en jeu pour la sécurité de l'ensemble des concitoyens. Finalement, tous les parents étaient les mêmes…

— Cela me fait du bien de vous voir ! confia l'adorable maman. Marina est la dernière de mes enfants, la plus proche de moi aussi. Quand mon mari est mort en mer, elle était la seule encore à la maison et elle ne m'a pas laissée vivre seule sans une certaine amertume. En plus de perdre son père, peu de temps auparavant, elle avait été privée de sa place de reine suite à des pressions de la part des organisateurs du quartier de Ploaré. Elle n'a pas accepté cette injustice. Voilà certainement pourquoi, du jour au lendemain, elle s'est engagée dans la police. C'est une brave fille, vous savez ! Rien ne lui a été donné, elle a tout gagné à la sueur de son front… Voulez-vous un café ?

— Non, on va vous laisser, on ne va pas vous déranger plus longtemps, répondis-je, plutôt embarrassé.

— Eh bien, moi, je ne dis pas non ! répliqua Sarah qui, d'ordinaire, ne buvait que du thé. Je vous laisse papoter entre parents, je vais m'éclipser quelques minutes... Vous pouvez m'indiquer où se trouvent les toilettes ? Je suis désolée, c'est mon heure, en milieu de matinée...

Et me voilà chargé d'occuper la maman avec des discussions sans intérêt pendant que ma fille fouinait dans la chambre de Marina en quête d'indices destinés à étayer ses soupçons. Par chance, la maman était sans doute un peu sourde et ne remarqua pas que plusieurs portes s'étaient ouvertes, pendant que je la faisais parler du dur métier de pêcheur, de son mari mort en faisant le maquereau, ce qui manqua de me faire rire alors que le récit aurait dû me consterner. Par bonheur, ma fille revint à temps pour me sauver avant le gong. Elle me rappela que je devais me trouver à Quimper à onze heures pour un rendez-vous médical, passa devant la tasse d'un café encore fumant et se retourna, juste avant la porte, pour embrasser la maman et lui demander de ne pas faire de fausse joie à sa fille en lui parlant de sa visite, si jamais elle ne pouvait pas repasser plus tard. La maman n'y vit que du feu et l'on se retrouva dans la rue, descendant vers le port et le véhicule de gendarmerie que le capitaine avait consenti à nous prêter en urgence.

— Marina a rendez-vous avec le Chevalier blanc à quinze heures sur l'île Tristan ! me lança-t-elle avec des accents triomphaux auxquels je commençais à m'habituer. Et voilà le travail ! Ne me félicite pas, j'ai le triomphe modeste. Le fait de savoir qu'intérieurement tu es fier de ta fille me suffit amplement. Il ne reste plus qu'à monter une souricière, on va pouvoir annoncer la nouvelle à Gildas pour qu'il prépare ses troupes avant de partir à Quimper et tu pourras dire à Dominique que sa future belle-fille assure un maximum !

Sitôt prévenu du rebondissement, Gildas en informa le capitaine Cortin qui s'engagea à mettre les effectifs nécessaires sur le coup pour attraper le criminel. Car nous avions déjà du retard pour notre rendez-vous avec Dominique... Dans le véhicule qui nous menait vers le palais de justice de Quimper, le gendarme me confia à quel point Sarah l'émerveillait par sa vitalité permanente, sa vivacité d'esprit, sa prise d'initiative, sa volonté farouche. Je lui répliquai que, si elle l'émerveillait, moi, elle m'effrayait souvent. Il éclata de rire en arguant que toute médaille avait son revers. Il aimerait qu'Eva soit aussi spontanée et pleine d'idées, seulement, ce n'était pas le cas. Elle gardait tout pour elle et semblait se complaire à obéir aux ordres, de peur de se tromper, craintive et peu sûre de ses capacités.

Dominique ne prit même pas le temps de nous

recevoir dans son bureau. Elle nous attendait sur les marches du palais et s'avança à notre rencontre pour nous apprendre qu'elle avait retenu une table dans un petit restaurant proche des halles de Quimper où une salle de l'étage nous assurerait une certaine confidentialité dans nos échanges. Elle me livra les documents reçus de Paris et me confirma qu'un jeune homme de trente-cinq ans, correspondant à la photo que j'avais adressée, se trouvait bien dans le Finistère, sous le nom de Gaëtan Guidel. Cette fois, l'étau se resserrait vraiment autour de lui, d'autant qu'il s'agissait d'un mythomane extravagant, sous des allures de romantique inoffensif. Il était certainement l'individu qui contactait ses victimes sous le pseudonyme de Chevalier blanc…

La magistrate semblait tellement convaincue de son hypothèse que nous l'écoutions sans la contredire pour ne pas l'irriter.

Finalement, je me hasardai à évoquer l'avancée de Sarah avec cette information selon laquelle Marina Marchal, un lieutenant de police parisien originaire de Tréboul, devait rencontre le Chevalier blanc à quinze heures, sur l'île Tristan.

Je rassurai aussitôt Dominique : toutes les dispositions avaient été prises par le capitaine Cortin pour déployer des hommes sur l'île, avec la plus grande discrétion, bien entendu ! Pourtant, ce scénario ne convenait pas à la magistrate.

— Messieurs, vous voudriez éloigner les forces de l'ordre d'un lieu où vous devez accomplir un forfait, alors que vous les savez sur vos talons, que feriez-vous ? Et si Marina Marchal avait réellement un compte à régler avec son passé ? Si elle projetait un troisième meurtre et, sachant que vous enquêtez dans le secteur, si elle désirait vous lancer sur une fausse piste ? Si, connaissant parfaitement le tempérament curieux et la fougue parfois irréfléchie de Sarah, son ancienne copine de formation, elle avait volontairement laissé traîner ce papier sur son bureau pour mener sa collègue loin de l'endroit du crime ?

— Il faut être doté d'un esprit supérieurement intelligent et profondément machiavélique pour imaginer un plan aussi tordu ! rétorquai-je. Bien sûr, je ne parle pas pour vous, Dominique, qui devez vous placer dans la peau du criminel, je pense à ce dernier… Sans la sous-estimer, je ne crois pas Marina Marchal capable d'une telle prouesse intellectuelle. Je vais me hasarder à un mauvais jeu de mots : je ne crois pas au plan Marchal !

— Paul, ce n'est peut-être pas le moment… J'ai horreur de subir les événements, alors que je pensais posséder un coup d'avance. Il est déjà bientôt quatorze heures, nous avons perdu trop de temps en conjectures, partez rejoindre vos équipes sur le terrain et je m'occupe de lancer une recherche d'informations sur Marina Marchal. Auprès de ses supérieurs, dans un premier lieu, car il m'étonnerait qu'elle soit missionnée pour enquêter au fin fond de la Bretagne. Tant pis pour le dessert, Messieurs, et ne vous souciez pas de l'addition, je vais la régler !

Comme toujours, en de telles circonstances, les portables de Sarah et d'Eva se trouvaient sur messagerie. Impossible de les joindre pour les prévenir d'un second scénario possible ! Et comme le capitaine Cortin se trouvait déjà en position avec ses hommes, nous ne pouvions, non plus, le contacter directement par téléphone. Pour arranger le tout, les habitants de Quimper s'étaient donné le mot pour revenir à leur travail au moment où nous cherchions à quitter la ville. Aussi, au sortir du parking de la place La Tour d'Auvergne, il nous fallut plus d'un quart d'heure pour atteindre la route de Douarnenez ! Entre péage de sortie du lieu de stationnement, feux rouges, travaux devant la toute récente médiathèque des Ursulines, véhicules stationnés en double file, feux de détresse allumés, pour aller s'acheter un paquet de cigarettes au bureau de tabac, nous n'avancions pas !

Chaque seconde qui passait nous angoissait un peu plus. Partis tous deux de Douarnenez en échafaudant des stratégies pour appréhender Guidel, nous étions à présent appliqués à amasser, dans le sillage du substitut, les arguments étayant la thèse de la culpabilité de Marina Marchal. Quelle plus belle couverture, pour une femme comme elle, que de se cacher sous le pseudonyme de Chevalier blanc, pour laver l'affront qu'elle avait subi, quelques années plus tôt, en éliminant ses rivales ? Elle se trouvait bien dans la région et utilisait des cybercafés pour mener à bien son subterfuge, rompue qu'elle était aux roueries de la police et aux habitudes de “la Maison”. Et quelle fille pouvait craindre une ancienne copine, qui plus est nantie d'une carte de police ? Surtout pas Sarah qui, dans le domaine de la roublardise, possédait pas mal de points de retard. Eva peut-être, mais ce n'était pas gagné !

Enfin, on parvint à sortir de Quimper pour entamer les lacets de la route menant en direction de Coat-Ligavan et de la ZAC de Prad ar Raz. Gildas allait plus vite que ne l'autorisait la loi et ne le permettait la puissance du moteur de son véhicule. Jamais le chemin ne m'était paru aussi long entre Quimper et Douarnenez. Je priai tous les dieux pour que Sarah n'ait rien tenté en mon absence. Je la connaissais trop bien, ma progéniture ! Une nouvelle intuition de génie et la voilà partie, la fleur au fusil, face à une collègue qu'elle souhaitait devancer dans l'enquête et qui allait se révéler la coupable qu'elle recherchait et qui cherchait à prendre une revanche cinglante sur la fille qui avait fini major de sa promotion… Et si lors de leur dernier combat de gouren, sa punition s'était achevée par une immobilisation au sol, cette fois, son calvaire risquait de se prolonger, si sa rivale avait en tête de prendre une revanche définitive, par jalousie ! Mauvaise perdante, décidément, miss Marina Marchal ! Gildas tenta de me rassurer, elle se trouvait avec Eva qui saurait la temporiser jusqu'à notre retour. Seulement ni le portable de l'une ni celui de l'autre ne répondaient, et toutes deux n'avaient pas remis les pieds à la gendarmerie depuis le déjeuner qu'elles avaient pris ensemble. Alors…

Il est des demi-heures qui passent moins vite que d'autres… Celle que nous vivions semblait interminable. On arriva enfin à l'entrée de Douarnenez ; jadis, rallier le quai situé au bout du Port-Rhu, sur le quai Jean Richepin, ne prenait pas plus de cinq minutes. Mais avec les ronds-points, les poids lourds, les grandes surfaces qui poussaient comme des champignons, nous perdions encore du temps, d'autant qu'un nouveau ralentissement bloquait la circulation, au rond-point de Kerharo.

— Merde, la manifestation des Fortel, je l'avais totalement zappée de mon esprit, celle-là ! beugla Gildas en frappant sur son volant. Des ouvriers d'une société de sous-traitance électronique qui bloquent régulièrement la circulation… Le plan social prévoit une cinquantaine de licenciements, la population est derrière eux.

— Il ne manquait plus que cela ! Mets ton gyrophare et ta sirène, nous n'avons pas une minute à perdre.

— Non, je ne peux faire cela, ces gars ne comprendraient pas pourquoi nous voulons forcer le passage, il nous faut dialoguer…

— Bordel, Gildas, ce n'est pas la vie de ta fille qui est en jeu ! On viendra plus tard s'expliquer avec eux…

— Je m'avance en double file jusqu'au rond-point et je descends pour discuter, je te jure que c'est le meilleur moyen de nous en sortir au plus vite ! Je les connais, la mort des Mouettes les a forcément touchés, de savoir que nous sommes à deux doigts de serrer leur assassin, ils peuvent le comprendre. Mais il faut le leur expliquer. Je reviens tout de suite, attends-moi là…

Il me fallut beaucoup de travail sur moi-même pour parvenir à me raisonner. Je voyais mon problème, ces braves gens voyaient le leur et si Sarah devait laisser sa peau face au Chevalier blanc, ces manifestants n'y étaient pour rien ! Époque peu agréable à vivre, dans laquelle les hommes deviennent des loups pour les hommes, encore un peu plus que jadis. Un système économique qui se grippe et l'épidémie de licenciements fait naître l'angoisse dans les foyers et les villes. Comment blâmer ceux qui vont jusqu'au bout quand ils ont tout perdu ? Que risquent-ils, à présent qu'avec leur travail, on leur a retiré leur honneur de ramener une paie à la maison ?

Alors, dans ces moments, face aux manifestants,

pour canaliser les éventuels débordements, on place les forces de l'ordre qui deviennent, du coup, les ennemis à affronter. Alors que, à bien y réfléchir, nous sommes tous sur un même bateau qui tangue, quand d'autres navires, plus solides, placés à l'abri de ports aux hautes digues, font donner les machines à souffler la tempête. Monde réel, monde virtuel, puissance des uns, souffrance des autres, un résumé de l'histoire de l'humanité, de la mythologie à nos jours ! Qu'une guerre soit menée pour laver l'honneur d'un puissant, et des millions de misérables restent sur le carreau... Qu'un battement d'aile de papillon trouble la sérénité de quelques nantis qui ne sauront jamais quoi faire de leur fortune, et des vents terrifiants s'abattent sur les foules... Car les guerres modernes se décident autour des corbeilles des Bourses, et non plus autour de cartes d'état-major... Et les gens de peu ne meurent plus sous les balles au champ d'honneur, mais d'épuisement à la porte d'un Pôle-emploi. Dire qu'à la base, le travail était un droit que devait garantir le gouvernement du pays ! « Tous les êtres humains naissent libres et égaux en dignité et en droits, ils sont doués de raison et de conscience et doivent agir les uns envers les autres dans un esprit de fraternité. » Il est sublime, l'article premier de la Déclaration universelle des Droits de l'homme !

Aurait-on seulement perdu la raison et la conscience...

Gildas parlementait et Sarah m'appelait peut-être au secours ! Et j'étais là, installé dans ce véhicule de gendarmerie, témoin de ma vie, quand j'aurais aimé en redevenir l'acteur !

J'avais déjà connu cela, par le passé, dans des missions tordues, seulement je n'avais que ma peau à sauver ! Cette fois, je jouais celle de ma fille qui avait bien plus de valeur à mes yeux. Gildas revint en courant et, le temps qu'il se réinstalle au volant, je vis la vague de manifestants s'ouvrir devant notre véhicule, comme les eaux de la mer Rouge devant Moïse.

Le chauffeur avança prudemment, en remerciant les responsables syndicaux d'un geste de la main. À travers ma vitre entrouverte, j'entendis les exclamations des grévistes :

— Laissez-les passer, ils vont arrêter le salaud qui s'en prend aux Mouettes avant qu'il n'en bute une troisième ! Ouvrez-leur le chemin, les gars, il faut qu'ils arrivent à temps pour le coincer ! Allez, bougez-vous, vite fait…

Enfin, nous arrivâmes sur le quai qui bordait la ria de Pouldavid ! On longea le Port-Rhû, sur notre gauche, pour rallier au plus vite le boulevard Camille Réaud et la pointe du Guet qui faisait face à l'île Tristan.

Là, Gildas reconnut l'un de ses hommes qui déambulait en civil, jouant le rôle du badaud qui admirait le paysage.

Je regardai ma montre ; déjà quinze heures passées ! Trop tard certainement !

Le gendarme expliqua à Gildas que le capitaine et ses hommes avaient pris position depuis midi trente sur l'île, cachés dans le phare, le manoir et l'ancien blockhaus. Ainsi le suspect ne pourrait leur échapper. Il suffisait qu'il se manifeste pour fermer la tenaille sur lui.

J'aurais aimé partager cette conviction candide du gendarme, alors que mes entrailles m'alertaient du danger que courait Sarah.

Il m'était impossible d'attendre dans la voiture que Gildas avait garée sur le parking de la MJC nouvellement construite. Plus les minutes passaient, plus le stress m'envahissait. Je faisais les cent pas sur le quai, regardais Douarnenez qui s'élevait au-dessus de moi, puis mon regard se figeait sur un plan de la ville, petite bourgade aux yeux de beaucoup, mais si vaste quand on y cherche une criminelle à interpeller et une fille à sauver…

J'aurais aimé voir Sarah et Eva déboucher de la rue Ernest Renan en me faisant des signes, mais rien, désespérément rien ! La troisième victime de Marina Marchal, allait prendre les traits de ma fille et je me trouvais là, planté sur un trottoir, bras ballants ! Jalouse des reines, piquée par la réussite professionnelle de Sarah au point d'en prendre ombrage, venue la défier sur son terrain de chasse dès qu'elle avait appris qu'elle menait l'enquête... Dominique avait raison, sa présence dans le bar n'était pas un hasard, elle attendait Sarah et avait joué avec elle comme un chat avec une souris, en se servant de la fougue de sa rivale, comme un bon combattant utilise la force de son adversaire pour le contrer. Et j'étais là, spectateur impuissant du piège qui se refermait sur ma fille ! Je m'étais connu plus perspicace pour sauver des gens qui avaient moins de valeur à mes yeux que ce cadeau qui m'était tombé du ciel au moment où je ne l'attendais plus. Je lui avais pourtant promis, la dernière fois, alors qu'elle était seulement ma coéquipière, et pas encore ma fille, que plus jamais je ne laisserais quelqu'un lui faire du mal. Cette nuit-là, j'étais parvenu à la retrouver à temps, ensablée vivante dans une crique de Beg-Meil que les flots de la marée montante inondait inexorablement. Mais cette fois, n'interviendrais-je pas trop tard ?

Pas un seul canot ne se dirigeait vers l'île Tristan, pas davantage au départ de Tréboul que depuis le Port-Rhu. Tout était calme, anormalement calme, désespérément calme.

Quinze heures trente. Pas la moindre trace de Marina Marchal !

Une image insupportable hantait mon esprit, que tous mes efforts ne parvenaient à effacer de mon crâne : un coin désert, Sarah suppliant son bourreau de l'épargner, criant pour m'appeler à l'aide et l'autre qui riait, certaine que plus personne ne pouvait rien pour cette collègue qui avait eu le mauvais goût de la surpasser durant leur formation. Elle avait déjà tué deux reines des Mouettes, elle allait continuer sa besogne ignoble avec la reine des Poulettes…

VI

Un peu plus de quinze heures trente, toujours rien à l'horizon ! Enfin, un appel sur le portable de Gildas. Je compris qu'il s'agissait d'Eva, qu'elle se trouvait avec Sarah sur le Port-Rhu, qu'il nous fallait aller les aider. La voiture ne nous servait à rien, je pris mes jambes à mon cou pour tenter d'apercevoir les filles. Cela représentait quand même une bonne distance, cinq cents ou six cents mètres, pour rallier les bâtiments de bois noir situés entre la passerelle et le pont métallique surplombant la ria. Finalement, c'était plus long que prévu. J'avais présumé de ma condition physique et je sentais les muscles de mes cuisses se tétaniser lentement. Aussi, lorsque Gildas arriva à ma hauteur avec son véhicule et qu'il freina en ouvrant la portière, je fus content de grimper à son bord pour finir le trajet.

— Eva a eu le temps de m'éclairer sur leur stratégie, m'expliqua-t-il à la hâte. Un nouveau bateau vient d'entrer dans l'effectif du musée de Port-Rhu, il se nomme Île Tristan, c'est un thonier qui a servi à Audierne. Dès qu'elles l'ont su, les filles ont compris qu'il pouvait s'agir du lieu de rendez-vous et sont descendues toutes deux au port. Elles ont entendu les cris d'une femme à l'intérieur et les ordres d'un homme au ton violent. Ne t'inquiète pas ; avant de raccrocher, Eva a eu le temps de me dire qu'elle nous attendait sur le ponton menant au navire, le seul dont le portail est ouvert ! Sarah, de son côté, est descendue faire diversion pour tenter de sauver sa collègue. Oui, c'est certainement Marina qui est prisonnière de Guidel… Elle est armée, elle saura se défendre face à ce cinglé…

— Elle n'a jamais utilisé son flingue, elle sera incapable de tirer sur ce criminel, s'il lui prend de se ruer sur elle ! m'écriai-je, encore haletant… Je crois que je reconnais Eva là-bas ! Gare toi vite, nous devons intervenir rapidement ! Laisse-moi faire, ma fille et moi avons quelques codes pour des situations pareilles. Préviens les secours, si jamais cela tournait mal…

Effectivement, peu avant le passage sous le pont reliant Douarnenez et Tréboul, un peu plus loin que la billetterie du port-musée qui était fermé actuellement, je vis Eva qui faisait des signes sur le ponton, entre deux ou trois vieux navires. L'île Tristan était un bateau de pêche océanique relativement important, qui devait dater des années soixante-dix et à l'intérieur duquel on pouvait facilement se perdre. Au passage, Eva m'expliqua à voix basse que Sarah avait décidé d'intervenir en entendant crier sa collègue dans la cabine, plus précisément dans la partie arrière du poste de pilotage. Elle avait sauté à bord en sortant son arme, avait gravi l'escalier en silence, avant de s'introduire dans l'habitacle. Depuis, plus rien !

Sans hésiter un instant, j'empruntai le même chemin et, en m'approchant à pas feutrés, pour ne pas éveiller l'attention sur ma présence, j'entendis du bruit à l'étage du dessous. Je compris que les trois protagonistes se trouvaient dans les cales ou la machinerie. Je ne connaissais pas grand-chose aux bateaux, aussi m'aventurai-je, comme Sarah avant moi, en terrain inconnu, presque hostile.

Plus je m'approchais, plus je discernais deux voix différentes, puis une conversation :

— Lâche-la ou je n'hésiterai pas à tirer ! criait Sarah sur un ton qui manquait de conviction. Si tu la laisses maintenant, elle peut encore s'en sortir, tu n'auras pas une mort supplémentaire sur la conscience…

— Tu n'auras jamais les tripes d'utiliser ton arme, jolie poupée ! Tu es trop mignonne pour jouer les justicières ! C'est comme celle-là ! Elle pensait me duper ! Comme si je ne l'avais pas vue arriver avec ses gros sabots ! Marina Marchal, alias Penn Sardin, sa tête ne ressemble même plus à celle d'une sardine ! Ni à celle d'une Mouette, d'ailleurs ! Elle n'aurait jamais dû tenter une de ses prises de lutte avec moi, j'ai horreur qu'on me manque de respect ! J'ai bien reconnu là l'esprit malfaisant de la reine Dahut qui s'était niché dans le corps de cette peste, comme il a investi à présent le tien. Voilà pourquoi je l'ai punie... Quelques coups de barre de fer, cela vous remet parfois les idées en place. Définitivement ! Tu en veux, toi aussi, ma mignonne ? Allez, approche ! Oui, c'est également ton destin de mourir sur l'île Tristan...

— Je compte jusqu'à trois pour que tu balances ta manivelle et que tu places tes mains derrière ta nuque ! À trois, je tire !

— Tu vois, je m'avance vers toi, qu'attends-tu pour tirer ? Viens la chercher, cette manivelle, si tu es une grande fille ! Il en faut du cran pour utiliser un flingue, tu sais... Tu es jeune, policière depuis peu de temps, tu n'oseras jamais abattre un être humain, de sang-froid surtout ! Il en faut des tripes pour étrangler une fille aussi ! Ce fut dur la première fois ! Mais à présent, j'ai l'habitude ! Allez, un, deux, trois...

De l'endroit où je me trouvais, par un hublot, je vis la scène et suppliai pour que Sarah utilise son calibre. Un coup partit bien, mais par réflexe, quand une attaque à la manivelle la frappa à la taille et la propulsa au sol et la poussa, dans la souffrance, à lâcher son arme qui glissa sur le sol, hors de sa portée. Elle tenta de se relever, seulement, d'un coup de semelle, son agresseur la plaqua contre la cloison, nuque contre le bois dur.

Sarah parut à moitié assommée, à présent incapable de se défendre.

Il me fallait intervenir alors que Guidel s'apprêtait à porter une seconde attaque sur son corps presque inerte. D'un coup de feu, je brisai la vitre du hublot avant de viser le bras de l'assassin, au moment où il le levait pour achever Sarah d'un coup de manivelle sur le crâne. Il resta un moment dans cette position, avant de lâcher la barre métallique et de se retourner pour découvrir le visage du traître. Un temps que mit à profit Sarah pour se remettre sur ses pieds, récupérer son arme et la ranger, puis, dans un sursaut d'énergie, de colère ou d'amour-propre, passer les menottes au forcené en l'invectivant de jurons inhabituels dans sa bouche.

Un laps nécessaire pour me permettre de faire le tour de l'habitacle, découvrir l'escalier et descendre pour l'épauler, ce qui n'était plus nécessaire.

Elle plongea dans mes bras, soulagée de me voir, n'y resta pas longtemps, soucieuse de prendre le pouls de Marina. La cavalerie arriva alors, légèrement après la bataille.

Eva se précipita aussitôt vers son amie policière, pour lui exprimer son soulagement de la savoir vivante. Peine perdue, Sarah la foudroya du regard avant de la commander :

— Elle est encore vivante, je sens son pouls, mais ne reste pas là comme une empotée, va appeler le Samu, les urgences, bordel ! Tiens le coup, Marina, on l'a eu, ce salaud ! On faisait partie d'une sacrée promotion, quand même ! Parle-moi, je t'en supplie, ouvre un œil, remue un doigt, une lèvre, une paupière… Ne me lâche pas, une Bretonne, c'est solide, tu n'arrêtais pas de me le répéter ! Pense à ta mère, elle n'a que toi, tu n'as pas le droit de l'abandonner à présent…

Deux gendarmes arrivèrent avec une trousse de secours et prirent le relais de Sarah. Marina Marchal était toujours inconsciente et ma fille ne pouvait se résoudre à la quitter dans cet état. Pourtant, je la pris de force par les épaules pour l'extraire de la cale en m'inquiétant du sang qui coulait de l'arrière de sa tête.

— Ne me refais plus un coup pareil, ma grande, tu aurais pu y rester ! Un coup de manivelle de plus et il t'éclatait la tête…

— Si jamais Marina s'en sort, j'aurais la conscience de me dire que je lui ai sauvé la vie ! bredouilla-t-elle en haletant. Tu aurais vu de quelle manière il s'acharnait sur elle, quand je l'ai surpris, c'est un miracle si son cœur bat encore ! Il m'a expliqué qu'il devait éliminer les deux Iseut et la reine Dahut pour pouvoir vivre une éternité de bonheur auprès de la Sirène océane… Il est complètement déjanté, ce gars…

— Viens, on va faire soigner cette coupure ! lui recommandai-je en la serrant contre moi. La première cicatrice de ta carrière, c'est le métier qui rentre, dit-on…

— Tu oublies vite que j'ai déjà failli finir noyée par la marée montante, ensablée jusqu'au cou !

— Ne me refais jamais des frayeurs pareilles, ma grande ! Je serais arrivé une minute plus tard...

— Cela sert à quoi d'être la fille de Superpapounet, s'il n'arrive pas au bon moment pour assumer sa part du boulot ?

— Et à quoi ça sert de faire un carton aux exercices de tir, si l'on n'est pas capable d'utiliser son arme par la suite ?

— Je n'ai pas pu tirer, mes doigts se sont bloqués, tout s'est brouillé dans ma tête, je ne sais pas ce que j'ai en ce moment...

— Tu as vingt-six ans, ma grande et, à cet âge, une belle jeune fille n'est pas formée pour se servir d'une arme à feu. Même en face d'un salaud ! On en parlera quand même à un psy de la Maison... Le type que tu avais en face de toi avait déjà étranglé deux nanas, il venait d'en estropier une troisième, pourtant rompue aux techniques de combat et, si ce n'était pas lui, c'était toi qui y restais ! Mais ce n'est pas le moment de parler de tout ça ! Tu es en vie, tu es une héroïne, tu as agi pour le mieux, tu as sauvé une collègue... et je suis très fier de toi, même si je sais que je ne devrais pas te le dire ! Allez, va rejoindre les pompiers pour te faire câliner, j'en remarque notamment deux qui ont à peu près ton âge et que je sens piaffer d'impatience de te prodiguer leurs soins les plus attentionnés, et même peut-être davantage… Avec un gros bandage autour de la tête, tu feras encore plus crédible, en héroïne des temps modernes !

Je laissai Sarah entre les mains des secouristes pour aller rejoindre Gildas et Eva. Celle-ci pleurait sur l'épaule de son chef qui tentait de lui expliquer qu'elle avait bien manœuvré, que sans sa présence d'esprit de nous appeler, il y aurait peut-être trois victimes de plus, à cette heure… Seulement, les nerfs lâchaient, transformant le brigadier en fontaine. Un peu plus loin, un fourgon bleu quittait le port, avec Gaétan Guidel à son bord. Celui-là aurait pas mal d'explications à fournir sur son geste, dans un futur proche… Car il était vraisemblable que, comme Fabien Servan, le gardien de l'île, il habitait la majeure partie du temps dans un monde virtuel, sans conséquences, où l'on pouvait tuer chaque nuit des gens réels ou imaginaires et les voir ressurgir du néant au fil du rêve suivant.

Ses paroles et l'évocation de la Sirène océane me faisaient penser à cette créature dont parlait Fabien Servan dans l'une de ses envolées lyriques : blonde fille de la mer, assise sur un rocher, aux chants plus plaintifs que les flots. Funeste sirène qui hantait ses rêves et venait lui susurrer qu'il devait éliminer les personnes qu'il croyait adorer et qui se refusaient à lui.

Le pire, avec un névrosé de ce calibre, c'est qu'à son procès, un expert en psychiatrie viendrait nous expliquer que ce malheureux garçon était atteint d'une forme de démence qui le rendait irresponsable des gestes abominables qu'il avait pu commettre ! Il serait interné dans un centre spécialisé, échappant de ce fait à la prison, et un beau jour, un second expert viendrait expliquer qu'il était guéri et donc apte à reprendre sa place dans la société, ne représentant plus un danger pour ses semblables. On ne veillerait même pas à lui interdire l'accès à tout ordinateur, à tout livre de légendes, et si l'envie le reprenait de repartir dans ses délires, il adapterait à nouveau ses rêves à la réalité, esprit faible manipulé par des forces invisibles… Il s'en prendrait à de nouveaux innocents, serait arrêté par des policiers ou des gendarmes, la presse dénoncerait sa remise en liberté, mais ce serait trop tard pour ses nouvelles victimes…

Un criminel paie sa dette à la société, un fou, pervers ou désaxé, continuera toujours à penser qu'il ne doit rien à personne. Limites des lois appliquées sans se soucier de la personnalité profonde des coupables jugés…

Pour l'instant, je retrouvai ma fille dotée d'un beau pansement sur le front et, comme Gildas nous demandait si nous remontions avec eux vers la gendarmerie, je déclinai l'offre en prétextant que nous allions marcher un peu tous les deux pour nous remettre de nos émotions. Ensuite, nous serions naturellement à sa disposition pour établir notre rapport.

On se baladait le long du quai sans réellement prêter attention aux bateaux, quand un véhicule s'arrêta à notre hauteur.

C'était Dominique qui voulait nous rejoindre, une fois débarrassée de ses affaires courantes au palais de justice.

Sitôt sa voiture immobilisée, elle en sortit pour courir vers Sarah qu'elle embrassa en remerciant le ciel que tout se soit bien terminé, avant de s'inquiéter de la gravité de sa blessure à la tête. Sarah aurait été sa fille, elle n'en aurait pas pris plus de soin ! Elle avait été tenue au courant par le capitaine Cortin qui lui avait expliqué qu'il y avait eu du grabuge : deux policières blessées, dont l'une gravement et qui devait être conduite au centre hospitalier Laennec de Quimper.

La magistrate serrait Sarah contre elle en promettant que, s'il lui était arrivé le pire, elle aurait aussitôt quitté la magistrature ! Elle s'inquiéta de savoir s'il ne serait pas préférable d'effectuer des examens complémentaires de son crâne, par acquit de conscience…

— Et moi, je me suis blessé au genou en descendant l'escalier pour sauver la situation, mais bien sûr, cela ne compte pas, c'est anecdotique ! grommelai-je en détournant la tête.

— Regardez-moi ce vieil ours jaloux ! riposta Dominique sans concéder un pouce de terrain. Tant qu'il grogne, c'est qu'il est en bonne santé ! Pas de souci à se faire pour lui ! J'ai obtenu des renseignements sur Marina Marchal. Elle est bien lieutenant de police à Nanterre, mais elle est en arrêt pour des problèmes psychologiques depuis quelques mois, et les spécialistes qui la suivent ne parviennent pas à définir l'origine de ses failles. Son supérieur m'a cependant avoué qu'elle avait évoqué avec lui un soupçon qui la taraudait : le dérapage possible d'un jeu de rôles auquel elle avait, durant un temps, participé avec plaisir, avant de comprendre que l'un des joueurs manipulait des filles trop candides. Par malchance, son chef lui avait répondu qu'ils avaient d'autres chats à fouetter, plus réels et plus dangereux. Marina avait alors décidé de poursuivre son enquête en solo, le soir, à son domicile.

— Si son chef l'avait suivie, s'était fié à son intuition, nous n'en serions pas là... soupirai-je en secouant la tête.

— Il s'en est rendu compte... trop tard ! Les urgentistes du Samu transportent Marina par hélicoptère au Centre hospitalier Laennec de Quimper, sans pour autant se prononcer sur ses chances de s'en tirer. Ses blessures à la tête sont inquiétantes, selon le chef d'équipe, un scanner sera nécessaire pour connaître l'étendue des dégâts. Si l'on excepte l'état de santé préoccupant de cette fille, voilà une affaire qui se termine bien, je n'en suis pas fâchée !

— Reste à comprendre le mobile de Gaétan Guidel pour justifier un tel carnage, répliquai-je, pensant que le dossier était loin d'être totalement bouclé. Il devra nous expliquer le cheminement de sa pensée, depuis le jour où il s'est proposé pour maquiller et coiffer une reine des Mouettes jusqu'à celui où il a décidé de supprimer les deux Marine. Un type, même névrosé de base, ne part pas en vrille, du jour au lendemain sans un facteur déclenchant !

— Les autorités françaises aux États-Unis m'ont également transmis un complément d'enquête à son sujet. Gaétan Guidel ne s'est jamais occupé de stars à Hollywood. Il est parti avec un permis de séjour de trois mois et a vécu de petits boulots avant de revenir en France à bord d'un cargo sans le moindre dollar en poche ! Par chance, il possède des parents généreux, faute d'avoir fait preuve de rigueur dans son éducation. Ils l'ont renfloué financièrement, je les ai eus au téléphone. Il est venu les voir pour expliquer que les Américains avaient exploité son talent ; il devait donc rebondir en France, sans doute en Bretagne, et ils l'ont cru !

— Pour moi, quelqu'un a utilisé sa mythomanie pour le muer de doux dingue en criminel sanguinaire, arguai-je, convaincu de l'incapacité de Gaétan Guidel de passer à l'acte de sa propre initiative. Une personne certainement croisée sur le site de Tristan, Roleplay, a utilisé la mégalomanie de cet esprit faible pour assouvir ses propres fantasmes... ou ses propres désirs de vengeance...

— Tu as raison, il semblait investi d'une mission pour l'accomplissement de laquelle il était prêt à prendre des risques que jamais il ne courrait dans la vie réelle, car ce gars, ce n'est pas l'étoffe d'un héros ! appuya Sarah-la-momie. La nôtre, de mission, n'est donc pas terminée...

Un peu gênée, Dominique poursuivit en nous expliquant que, pour des raisons de diplomatie entre les "deux chapelles", l'enquête serait bouclée par la gendarmerie de Douarnenez. Bien entendu, le capitaine Cortin n'omettrait pas de préciser le rôle déterminant de la section criminelle de la police de Quimper, dans tous les rapports qu'il adresserait aux autorités supérieures. Pour faire passer la pilule, elle ajouta qu'elle nous savait au-dessus de ces flagorneries sans importance, persuadés de la noblesse du privilège de servir l'État et ses citoyens, trouvant notre juste salaire dans la satisfaction du devoir accompli. Je souris pour faire savoir que je n'étais pas dupe, Sarah avait la tête ailleurs.

— Je suis certain que personne n'aura prévenu la maman de Marina ! dit-elle tout de go. On traverse à la nage ou vous nous emmenez dans votre carrosse, substitut Vasseur ? Finalement, pour votre tableau d'avancement, cette opération, c'est tout bénéfice : police ou gendarmerie, peu importe, vous récolterez les honneurs puisque vous étiez à la tête de l'équipe. Sauf dans la cale, face au forcené et à sa manivelle, mais il faut bien laisser un peu d'action au petit personnel... De plus, comme le rapport mentionnera l'exceptionnelle collaboration entre gendarmes et policiers, le mérite entier de l'opération vous sera attribué. Finalement, Papa, tu fais bien de sortir plutôt avec Julie, je retire ce que j'ai pu te dire !

— Tu devrais réellement faire examiner ta blessure à la tête, Sarah, répliqua la magistrate, j'ai l'impression que les séquelles du coup reçu sont plus graves qu'on ne l'imaginait, tu délires beaucoup... Allez, montez, espèces d'ingrats !

— Ne t'inquiète pas, ma fille, soupirai-je en m'installant près de la conductrice, avec de tels états de service, connaissant un peu le fonctionnement de la justice, cela sent la promotion prochaine ! Un poste de procureur attend le substitut Vasseur à l'autre bout du pays, dans une grande ville : Lyon, Dijon, Strasbourg, Nancy, Lille... Note bien, on la regrettera un peu car, à côté de ses nombreux défauts, elle savait bien vider son verre de lambic !

Quand on arriva chez Jeanne Marchal, elle venait juste de savoir que sa fille avait été accidentée et admise à l'hôpital de Quimper. On arrivait donc au bon moment car elle était complètement perdue. Elle n'arrivait même plus à trouver le numéro de téléphone de son fils le plus proche, buraliste à Plogonnec. Tandis que Dominique prenait en main les démarches nécessaires en de tels moments, notamment la recherche des pièces à fournir pour l'admission, Sarah et moi, sous prétexte de poursuivre le travail de Marina, nous avions obtenu l'autorisation de fouiller dans les affaires de la policière.

Sarah s'attela à la partie informatique, je choisis de fureter dans une chemise restée en évidence sur la table de nuit. Les documents rassemblés concernaient bien le meurtre des deux Marine.

Au fil des pages du dossier, je compris que Marina suivait l'affaire depuis de nombreux mois. Pour sa part, Sarah obtint rapidement la certitude que Marina avait fait l'objet de sollicitations de la part du Chevalier blanc, donc de Gaétan Guidel. On n'avait pas le temps de tout inspecter dans le détail, pourtant on pouvait deviner que notre collègue soupçonnait ce garçon, sans posséder assez de preuves tangibles pour réclamer l'ouverture d'une enquête... Ce dossier avait fini par lui pourrir la tête, hanter ses nuits de cauchemars affreux, nés des heures à donner corps à son personnage dans le jeu de rôles. La mort de deux reines des Mouettes avait rendu sa vie impossible à supporter sans réagir et intervenir pour arrêter le massacre. Par acquit de conscience, Sarah adressa le fichier à Rose-Marie en lui demandant de l'analyser et de le recouper avec les informations qu'elle avait piratées sur le site du Chevalier blanc.

Pour ma part, appelé par Dominique qui nous demandait de ne pas tarder, car elle désirait rencontrer les gendarmes, je gardai avec moi le dossier bourré d'annotations et de passages soulignés au marqueur. Une bonne lecture pour la soirée et le début de matinée, avant de repartir vers Quimper, puisque notre mission s'achevait là, à notre profonde amertume... Je me fis même prier pour accompagner la magistrate à la caserne, peu enclin à cirer des pompes déjà brillantes, pas certain non plus de garder pour moi quelques réflexions amères. De son côté, Sarah gardait en travers de la gorge l'attitude d'Eva qui l'avait laissée descendre au casse-pipe dans la cale du thonier en proposant de rester sur le ponton pour contacter les renforts et les mener sur les lieux de l'affrontement. Bonjour le courage, la gendarmette ! Sans doute avait-elle peur de se casser un ongle ou de déchirer son uniforme... S'il s'agissait là d'un exemple de solidarité entre les corps, cela lui faisait froid dans le dos !

Pourtant, une fois dans le bureau de Gildas Troupel, tout se passa bien. L'adjudant-chef trouva même choquant que Sarah et moi ne restions pas jusqu'au bouclage total d'un dossier à l'avancée duquel nous avions largement contribué. Pour sa part, Eva restait en retrait, fidèle à son attitude depuis le début de notre coopération.

Gildas me montra le compte rendu du premier interrogatoire de Gaétan Guidel, un mélange de faits avérés, de fables mêlant puissances surnaturelles, magiques ou maléfiques, légendes incroyables, faits historiques, mythomanie et fanfaronnade. À présent, il avait été admis à l'hôpital de Douarnenez pour soigner sa blessure superficielle au biceps. Un beau tir de neutralisation, sans risque pour la personne touchée. Gildas appréciait en connaisseur, échaudé, comme moi, par les enquêtes internes diligentées par l'administration, si frileuse quand les médias commencent à parler de bavure... Comme je le disais souvent à l'équipe : « Vous croisez l'ennemi public numéro un à Quimper, vous cherchez à l'arrêter, il tente de vous échapper, vous lui tirez dans les jambes, la balle ricoche mal et le tue. Il devient une victime et vous finissez vos jours en prison ! » Point faible de nos démocraties, éprises à juste titre du respect des droits de chacun, face à des terroristes internationaux et des grands criminels qui se moquent éperdument de toute morale ! On s'apprêtait à repartir à Quimper avec Dominique quand Gildas revint à la charge :

— J'avais oublié, je dois absolument prendre vos dépositions, Sarah et Paul ! Cela vous prendra une heure ou deux, tout au plus. Je sais, il se fait tard, Sarah est épuisée et blessée ; dans ce cas, puisque vous devez rentrer à Quimper avec le substitut, revenez demain matin ! D'un autre côté, pour tout vous dire, je serais également heureux que vous écoutiez l'un des interrogatoires de Guidel, pour connaître votre point de vue sur ce garçon. Pour l'instant, il n'a pas réclamé d'avocat, il ne semble pas réaliser la gravité de ses actes. Espérons que demain, après une nuit de sommeil à l'hôpital, il nous revienne avec de meilleures intentions…

— Le problème, intervins-je, comprenant où Gildas voulait en venir, c'est qu'en l'état, Sarah est incapable de tenir un volant. Et je n'ai pas le permis. Ce qui vous obligera, Madame le substitut, à nous conduire à Douarnenez, demain matin, à la première heure…

— C'est bon, j'ai compris, vous pouvez rester ! concéda Dominique, de guerre lasse. Par contre, je reviendrai demain, en milieu de matinée. Cela m'intéresse aussi d'entendre ce garçon avant de délivrer mes conclusions définitives au procureur et de transmettre le dossier complet de ces affaires au juge Jouvain pour instruction. Je vous apporterai en même temps des nouvelles de Marina Marchal en espérant sincèrement qu'elles soient positives ! Bonne fin de journée à tous !

Ce soir-là, Gildas Troupel se trouvait de garde à la gendarmerie, Eva pointait aux abonnés absents, Sarah avait hâte de se coucher, épuisée par les émotions et désireuse de panser ses blessures, ce que je comprenais parfaitement.

Je me trouvais donc seul à déambuler sur le port de Tréboul, après un passage rapide dans une pizzeria pour me sustenter. J'avais toujours été marqué par le calme d'une ville, lorsque je venais de vivre des événements trépidants, comme si, même dans la réalité, on vivait les secondes qui s'égrenaient à des rythmes différents. Il faisait étonnamment doux et la nuit ne voulait pas recouvrir l'île Tristan, au bout de la jetée.

Je pensais aux légendes, aux mythes et aux réalités d'un lieu. Le roi Gradlon n'y avait sans doute pas vécu. Les Romains, eux, y avaient séjourné, comme le bandit La Fontenelle et le poète Richepin. Les Penn Sardines, ces femmes courageuses qui travaillaient dans des conditions épouvantables, en avaient aussi écrit une page d'histoire mémorable, pourtant qui s'en souvenait encore, parmi les touristes de chaque été ?

Combien, parmi les propriétaires des voiliers de plaisance qui avaient investi le port, savaient que, jadis, les navires de pêche, par centaines, y mouillaient à la place de leurs yachts ? Qui se souvenait encore que les patrons se livraient une course effrénée sur la route du retour pour vendre leur cargaison au meilleur prix ? Qui savait la fierté de la famille d'une reine des Mouettes, à l'origine de la manifestation, quand le mot folklorique évoquait les racines profondes et viscérales d'un peuple et non un exotisme passéiste, dénué de valeurs et de références, comme dorénavant ?

Tout paraissait si calme autour de moi que je me demandais si ma réalité du jour, avec ses angoisses,

ses soulagements, ses joies, son rythme effréné, n'avait pas été seulement un rêve, une chimère, une invention de mon esprit. Je pensai aux manifestants du rond-point. Ils nous avaient permis d'arrêter un criminel, mais ils n'en retireraient aucun bénéfice. On peut arrêter une file de voitures, pas une charrette de licenciés ! À l'inverse, on peut négocier avec un malfrat qui nous aide à faire tomber un caïd, par contre, il nous est impossible de donner un coup de pouce à un honnête citoyen qui, bizarrement, ne fait que son devoir…

Je décidai de revenir vers l'hôtel et de prendre le dossier constitué par Marina Marchal pour descendre le consulter dans un coin du bar, devant un bock de bière bretonne. Au comptoir, les habitués riaient aux éclats, se taquinant avec cet accent si typique des Douarnenistes et ces mots qui n'appartiennent qu'à eux. Aucune méchanceté dans leurs blagues, juste le plaisir d'une rencontre et le verre de vin qui délie les langues des plus timides, pour ces solides Bretons qui, à leur âge, possédaient plus de souvenirs que d'avenir.

Un univers différent peuplait les pages rassemblées par Marina, grande jeune femme athlétique, dotée du bon sens et du tempérament de ses ancêtres, qui avait maintenant besoin de toutes ses forces pour mener son combat, le plus important, sur son lit d'hôpital à Quimper. Quelque chose en moi me disait que ce testament, s'il devait lui arriver malheur, nous aiderait à comprendre le geste de Gaétan Guidel et la folie de ces gens générée par une légende et un jeu de rôles. Je tentai donc de me placer dans son état d'esprit pour mieux appréhender chacune des annotations de la centaine de pages qu'il lui avait semblé important d'archiver. Peu à peu, les pseudonymes me devinrent familiers, comme les personnages mythiques, les lieux, les événements. Chaque participant utilisait les aventures écrites ou contées à sa manière, comme pour s'approprier une part de l'éternité des héros.

Je pus ainsi comprendre que Marine Plomeur, romantique et ingénue, s'imaginait en Iseut et se flattait de constater que des correspondants lui en attribuaient la beauté et les valeurs.

Notamment le Chevalier blanc, évidemment ! Avec cette annotation de Marina : « Il la connaissait sûrement ! » Oui, Marina, Gaétan avait transformé Marine, l'humble employée à la beauté naturelle en reine sophistiquée pour quelques photos publicitaires et son plaisir personnel. Sans peut-être le savoir, il lui avait alors offert les traits de sa seconde personnalité, celle dont elle se servirait plus tard dans le jeu de rôles ! Savait-elle qui se cachait derrière le pseudonyme ? Probablement pas, elle avait sans doute oublié le petit coiffeur parisien…

Marine Urvoas, devenue Chacun après son mariage, intellectualisait davantage ses récits, les réactions des personnages, en même temps qu'elle idéalisait la seconde Iseut, aux mains blanches, l'épouse par défaut, pourtant d'une beauté égale à la blonde. « Une femme de devoir », avait annoté Marina. Puis, un peu plus loin : « Le Chevalier blanc a su mettre en valeur sa fidélité pour obtenir ses bonnes grâces, sa soumission. Elle fut la première reine des Mouettes à bénéficier du talent certain de Gaétan, dans l'art de la métamorphose. Il l'a maquillée, coiffée, il s'est occupé d'elle, en est tombé amoureux. Peut-être ont-ils parlé de Tristan et Iseut ? Il connaissait ses points faibles ; le moment venu, il a su comment la convaincre de venir à un improbable rendez-vous nocturne, lors d'une fête celtique au parc de Penvillers, à cacher cet écart coupable à son mari, à se servir de sa meilleure amie pour vivre cette soirée de liberté, étonnante entorse dans la vie rangée d'une femme et de devoir, d'une jeune mère exemplaire. »

Entrait alors en jeu Penn Sardin, Marina Marchal elle-même, expliquant pourquoi elle agissait ainsi, tel le Petit Poucet laissant des cailloux derrière lui pour se souvenir de son chemin. Un parcours exaltant, empli de doutes, d'interrogations, vers une vérité qu'elle n'osait jamais coucher sur le papier, hormis cette question répétée : « Qui se cache derrière le Chevalier blanc ? » Elle y avait passé ses nuits et ses temps libres sans jamais pouvoir s'en ouvrir à personne. Elle s'était investie d'une mission que personne ne lui avait confiée, car elle se sentait responsable de cette légende qui se déroulait dans sa ville natale, des protagonistes natifs de Douarnenez, des reines des Mouettes et autres proies faciles…

Et puis le dernier personnage à entrer dans la danse, la Sirène océane… Une intello à coup sûr, un tempérament fort qui poussait le Chevalier blanc dans ses retranchements. Au fait, était-ce réellement une femme ? Marina s'était posé la question : homme ou femme ? Un fait restait avéré : les défis qu'il, ou elle, lançait au Chevalier blanc étaient risqués, le jeu de rôles semblait en train de déraper… Marina s'en était aperçue, l'avait écrit en rouge, avait crié au danger, elle savait que cela devait se finir en drame, mais elle ne pouvait intervenir. On savait maintenant qu'elle avait alerté son supérieur, qui n'avait pas voulu l'écouter. Elle avait appris la mort de Marine Plomeur et avait perdu toute sérénité, dès cet instant. Elle s'était sentie coupable, elle avait déraillé, perdu tous ses repères sociaux, le combat qui la hantait, l'avait dépassée, engloutie ! Était arrivé l'instant de la rencontre fatale pour Marine Chacun ; dès qu'elle l'avait appris, Marina avait plaqué tout ce qu'elle avait en chantier pour venir sauver la situation. Elle avait fini par repérer le Chevalier blanc, Gaétan, comme nous l'avions fait, de notre côté. Sans doute le connaissait-elle, l'avait-elle croisé chez le photographe ou dans les rues de Douarnenez… Peut-être l'avait-il coiffée et maquillée, puisqu'elle était dauphine… Elle avait pensé le piéger, ce fut l'inverse, il était très rusé et très fort ! Elle se retrouvait à présent à l'hôpital, entre la vie et la mort. Ultime page de son carnet intime, dernière annotation en rouge : « Qui est Sirène océane ? »

— Mon petit monsieur, pardonnez-moi de vous déranger, mais je vais devoir fermer, il est bientôt minuit ! expliqua le cafetier, presque embarrassé de m'extraire de mon travail. Vous préparez un prochain roman, vous êtes écrivain ?

— Non, je suis seulement policier et je viens de prendre connaissance de documents qui expliquent pourquoi deux filles sont mortes, victimes d'un détraqué désireux de faire revivre une légende née voilà des milliers d'années… On vit dans un monde où le virtuel se mélange si facilement au réel que les esprits faibles se paument. Un expert analysera cela sans l'expliquer, les médias le relateront sans donner de conseils de prudence, la vie continuera, hormis pour un époux et un enfant privés de leur femme ou de leur mère, pour une quinquagénaire qui vient de perdre, coup sur coup, son mari et sa fille, pour un couple de pâtissiers locaux pour qui jamais plus un kouign amann n'aura de saveur… Une vie ne vaut plus grand-chose, sur terre comme au ciel… On accable ces jeunes qui s'échappent vers des mondes éthérés, seulement notre société, elle-même, ne s'est-elle pas perdue en chemin, sacrifiant la recherche du bonheur des humains à la quête du profit ? Ne vivons-nous pas dans un univers parallèle, pâle copie qui a pourtant pris le dessus sur l'original et dans lequel des valeurs virtuelles ont peu à peu remplacé les notions fortes que nous enseignaient nos parents et nos précepteurs : le goût du travail et de l'effort, le sens du partage et de la solidarité, la noblesse des sentiments, l'importance des liens familiaux et de l'honnêteté ! Dans notre société, un humaniste est considéré comme un faible, un imbécile, parfois même, un dangereux anarchiste ! Dans les mondes virtuels, il est encore un héros digne de respect. Comment blâmer les jeunes d'ouvrir une lucarne pour faire vivre leurs espérances, même si certains pervers sont à l'affût… Parfois, il m'arrive de vomir ce monde où la valeur d'un individu se pèse désormais en euros ou en dollars. Nous n'aurons plus d'Abbé Pierre, de Mère Térésa, de Luther King ou de Mandela puisqu'on brise un à un les moules de destins idéalistes pour ne garder qu'un seul creuset pour bons petits soldats à taille morale unique…

— Arrêtez, vous me déprimez ! soupira le tavernier en se grattant le haut du crâne. Déjà que les affaires vont mal et que les gens sont moroses… Je me prépare une nuit blanche avec votre tableau de notre monde… Je mets la bière sur la petite note ou vous me la réglez sur place ? C'est deux euros.

— Tenez, une jolie pièce ronde comme la Table des chevaliers autour de laquelle ceux-ci se préoccupaient de la paix du royaume, dis-je en faisant tournoyer la rondelle dorée sur le zinc pour régler la consommation. Je m'excuse de vous avoir pris la tête avec mes élucubrations déprimantes, il fallait que tout cela sorte… N'empêche, une carte de crédit, un billet de banque, une pièce de monnaie, en concret, cela vaut quoi ? L'argent, à votre avis, on le place dans le réel ou dans le virtuel ?

VII

Le jeudi matin, Sarah avait totalement récupéré et quitté son imposant pansement, arborant une plaie traitée au mercurochrome incolore, au sommet d'une bosse qu'elle tentait de masquer au moyen de sa chevelure blonde et frisée. Question d'esthétique et d'apparence, si importante pour une jeune femme toujours encline à user de sa séduction ! Elle me trouva une petite mine, je lui avouai avoir très peu dormi. Elle fut touchée de constater que ses douleurs physiques m'affectaient aussi ; je n'eus pas le cœur de lui expliquer que ma nuit blanche provenait juste de mes lectures et de mes réflexions désabusées. On prit notre petit-déjeuner, puis je réclamai l'addition pour l'ensemble de notre séjour. Le patron m'apporta la note, je me levai pour m'approcher de la caisse et sortis ma carte bancaire. Il me tendit mon petit ticket en me lançant un complice :

— Paiement virtuel ? J'y ai repensé à votre théorie, je n'en ai presque pas dormi de la nuit ! Je me suis mis à penser à tout le virtuel qui nous entourait, qui nous ficelait, qui réglait notre quotidien, c'est effrayant ! Ce qui n'est rien vaut beaucoup et ce qui est produit ne vaut plus sa valeur ! Vous avez vu les laitiers qui produisent à perte alors que, dans les rayons, le litre a augmenté ? Les intermédiaires font bien leur beurre au passage... Seulement, le jour où il n'y aura plus de producteurs, où les clients n'auront plus d'argent pour acheter, ils deviendront quoi, les intermédiaires ? Ils y ont pensé, à cela ?

— Ils se partageront toujours le beurre accumulé...

— Ouais, si on veut... Vous ne m'empêcherez pas de penser que le système est perverti... Et dire qu'il suffit d'un grain de sable pour bloquer la machine bien huilée de ce monde virtuel qui fait fonctionner notre quotidien.

— Cela me fait penser à l'histoire d'un milliardaire américain, pendant les années 20... poursuivis-je. Un paysan en difficulté financière proposa de fournir à ce nabab et à sa famille un sac de pommes de terre, chaque semaine, durant dix ans ; cela contre un prêt sans intérêt d'une somme qui lui permettrait d'élever décemment la sienne de famille qui vivotait ! L'autre, plein aux as, lui expliqua qu'il n'avait aucun intérêt dans l'affaire, qu'il perdait même au change. Il lui parla savamment des marchés boursiers, des échelles des valeurs, de tas de notions passant largement au-dessus de la tête du paysan qui repartit penaud. Arriva le krach boursier qui laissa le nabab sur le carreau, spolié de près des trois quarts de son magot virtuel après l'effondrement du cours de ses actions. Plus de quoi remplir la marmite familiale, le réservoir de sa limousine et de son yacht, la cuve à fuel de sa résidence, un vrai désastre ! Il se rendit alors chez le paysan pour glaner un minimum pour subsister : des pommes de terre, quelques bûches de bois. Sans se démonter, son interlocuteur lui expliqua qu'il était trop tard pour envisager un tel marché, le cours de la patate s'envolant de jour en jour. Éventuellement, en échange de sa résidence secondaire en Floride, il accepterait de lui livrer bois, viande et légumes pour l'année. Et, bon gré mal gré, le milliardaire ruiné accepta, car ses enfants avaient faim. Je pense qu'un jour ou l'autre, de gré ou de force, l'être humain retrouvera le chemin de la raison et le véritable ordre des valeurs…

— Fichue société quand même ! pesta le taulier en secouant la tête. Cela va faire un bon sujet de conversation avec mes clients pour la journée ! Par contre, je me prépare une seconde nuit d'insomnie…

— Je vais vous donner un peu plus de grain à moudre. Le plan de relance décidé par le G20, visant essentiellement à soutenir les institutions financières, se monte à quatre mille milliards de dollars ! Sur notre planète, on compte un peu moins de sept milliards d'êtres humains ! Si je ne suis pas trop mauvais en calcul, on arrive à environ 570 millions de dollars par individu ! Plus de problème de misère, de famine, d'absences de soins dans le monde ! Je suis certain qu'avec de telles sommes, vous allez investir, rénover votre bar par exemple, consommer, vous offrir quelques plaisirs, changer votre bagnole, faire marcher le commerce, l'économie, le système…

— Dame, si j'avais une telle somme, je ne la cacherais pas sous mon matelas, j'en utiliserais rapidement une partie ! gloussa le tavernier en astiquant toujours son percolateur. Depuis le temps que l'on se serre la ceinture… Je pourrais m'offrir une voiture toute neuve car, même avec leur prime à la casse, je n'ai pas les moyens d'un tel investissement… Et j'offrirais aussi un frigo plus économique à ma femme, car moins ils consomment, plus ils sont chers à l'achat…

— Rien que chez nous, rajoutai-je, très remonté, on ferait quoi des 26 milliards d'euros du plan de relance du gouvernement avec un peu de solidarité ? On diviserait le pactole par soixante millions d'habitants ? Ce qui ferait un peu plus de 430 millions par habitant ! Une femme, deux gosses, quatre parts, vous voilà milliardaire… Bon, ce n'est pas tout de rêver, il va nous falloir nous remettre au travail pour gagner notre maigre pitance…

On posa nos bagages dans le coffre du véhicule que le capitaine Cortin avait mis à notre disposition, le temps de l'enquête. Sarah s'installa au volant et me demanda de lui résumer la conversation de la veille au soir, qui avait tant fait réfléchir l'hôtelier. Je lui promis qu'un jour, quand nous aurions quelques heures de planque à ruiner, je lui ferais part de mes théories fumeuses sur les mondes parallèles. Elle soupira profondément avant de faire remarquer qu'elle avait reçu un coup sur le crâne et que, pourtant, c'était moi qui délirais... Rien que mon raisonnement à l'emporte-pièce, selon elle, ne tenait pas la route une seule seconde.

Avec de tels raccourcis, j'allais passer pour un anarchiste, un révolutionnaire qui voulait tout remettre en cause sans proposer d'alternative au système en place. D'autant plus qu'elle n'était pas convaincue du résultat de ma division, avec autant de zéros...

Les gendarmes nous attendaient pour vérifier et signer nos dépositions, avant d'interroger Gaétan Guidel qu'ils avaient transporté dans une cellule, depuis l'hôpital. Le garçon ne désirait toujours pas l'appui d'un avocat et semblait serein, malgré un bras en écharpe et le poids d'un double meurtre sur les épaules. Il avait, lui aussi, comme Fabien Servan, un visage romantique, ouvrait de grands yeux étonnés, comme s'il découvrait avec intérêt un univers nouveau. Des cheveux châtains plutôt raides le couvraient comme un casque de motard, sa chemise certainement blanche hier mais à présent éclaboussée de sang s'ouvrait sur un poitrail glabre. Il conservait cette bouche en cœur, prête à embrasser de nouvelles aventures épiques, comme si de rien n'était. Il se dégageait de lui un côté bon enfant, candide, rassurant, inoffensif. Le piège parfait pour midinettes en quête d'aventures exaltantes !

Eva nous invita à l'accompagner dans une pièce sombre jouxtant la salle d'interrogatoire. Là, à travers une vitre, Sarah et moi pouvions découvrir comment Gildas allait manœuvrer pour le faire craquer. Car, malgré les faits incontestables, Gaétan Guidel continuait à nier les évidences. Il ne cessait de répéter qu'il ne se souvenait jamais des récits de la veille pour garder une mémoire intacte à la disposition de nouvelles inspirations.

— Oui, j'ai connu ces deux reines des Mouettes, je les ai arrangées pour qu'elles ressemblent à quelque chose sur les photos officielles, je ne le nie pas ! Est-ce un crime de vouloir rendre service à son entourage ? Mais ensuite, je suis allé travailler aux États-Unis, où des stars me réclamaient – Sharon Stone, Angelina Jolie, Jodie Foster, Eva Longoria – je m'occupais d'elles quand je travaillais à Paris et elles m'ont supplié de les rejoindre à Hollywood.

— Gaétan, ici tu n'es pas devant des gogos crédules, mais face à des gendarmes qui ont mené une enquête sérieuse ! coupa Gildas en tapant du poing sur la table. Nous avons vite découvert qu'à Paris tu n'étais que l'une de ces petites mains anonymes du salon qui balaient le sol après le passage d'un client et remplacent les serviettes sales par des propres. Si tu as peut-être côtoyé les stars que tu cites, je doute fort qu'une seule beauté d'Hollywood ait seulement noté ta présence… Ensuite, tu es allé aux États-Unis, c'est vrai, mais tu as galéré de petits boulots en jobs tordus avant de te faire refouler au bout de trois mois ! Tu as été placé sur le premier cargo en direction du Havre et tu es revenu au point de départ. Alors, tu as compris que le seul endroit où tu avais une chance d'exister encore aux yeux de filles crédules, c'était l'un de ces forums où ta connaissance des légendes celtes, ta facilité à inventer un paradis imaginaire et à orner de superbes formules les lignes de tes récits, ton talent en informatique et ton aplomb naturel pouvaient faire des merveilles ! Tu t'es inscrit sur Tristan, Roleplay, site dont tu es devenu l'un des modérateurs…

— Oui, je suis épris de légendes celtes et alors ? Cela fait-il de moi un criminel ? Rêver est-il devenu un acte illégal ? Pas à ma connaissance ! Ce Chevalier blanc dont vous me parlez, j'ignore réellement qui se cache derrière son masque, je sais naturellement qu'il participait au forum, je peux vous jurer que ce n'est pas moi !

— Ne jure pas, Gaétan, gendarmes et policiers ne sont pas si obtus que tu l'imagines ! argua Gildas en venant s'asseoir plus près du suspect. Je suis certain que, dans un petit coin de cette mémoire que tu effaces chaque matin, il te reste le souvenir d'une correspondante, Perle noire, que ta science émerveillait. Elle écrivait depuis les Antilles. Pas de chance, il s'agissait d'un flic qui a pu dès lors te pister, mon grand ! Tu es bien le Chevalier blanc de la Perle noire, nous en possédons les preuves irréfutables, tu es cuit !

Le garçon se gratta la tête, regarda autour de lui, comme s'il désirait se détendre les cervicales, se frotta les yeux, avant de les diriger à nouveau vers son interlocuteur en les écarquillant. À quelques centimètres de son visage encore juvénile pour ses trente-cinq ans, Gildas ne bougeait pas, le fixant sans cesse. Un jeu d'influence et d'intimidation, une guerre des nerfs, un défi psychique !

— Tu es devenu amoureux des reines des Mouettes que tu avais côtoyées, que tu avais touchées de tes doigts fins, que tu avais initiées à la magie des légendes celtiques au point de les fasciner... Peut-être même leur avais-tu évoqué l'existence du jeu de rôles, suggéré leur pseudonyme, de manière à pouvoir les posséder plus facilement... Oh, pas dans la vraie vie, virtuellement, bien sûr, même si tu les convoitais ! Seulement, un jour, la première d'entre elles t'a trahie : Iseut aux mains blanches, alias Maur29, ou encore Marine Urvoas. L'ingrate s'est mariée avec un non-initié, Sylvain Chacun, et elle te délaissait. Il te restait la seconde, Iseut la blonde, Mouette04, Marine Plomeur, celle que tu adorais par-dessus tout ! Seulement, elle aussi, t'a délaissé. Et là, tu as vu rouge. La légende est devenue réalité et il te fallait agir. Tu es venu en Bretagne et tu as utilisé un subterfuge pour reprendre contact avec elles et leur faire payer leur trahison.

— Vous savez que vous possédez une capacité d'imagination qui pourrait vous permettre de vous intéresser à notre site, Adjudant-chef ? lança Guidel, goguenard. Vous n'avez pas le moindre indice pour venir corroborer vos accusations…

— Tes empreintes, imbécile ! Tes empreintes et ton ADN ! Les mêmes sur les deux corps que nous avons fait comparer avec celles que nous avons récupérées à l'hôpital sur un pansement. Nous n'avons même pas besoin de tes aveux ! Comment un esprit intelligent comme le tien a pu négliger un détail aussi évident ? Il est vrai que, là-haut, où tout est ouate immatérielle, ces traces de soi n'existent sans doute pas…

Cette fois, Guidel cacha son visage entre ses avant-bras, sans doute pour mieux réfléchir ou pour battre sa coulpe d'avoir négligé un point aussi essentiel dans sa mise en scène. À trop fignoler les détails, on passe à côté des évidences… Il resta un long moment dans cette position avant de se redresser, tête basse :

— Oui, j'ai tué ces deux filles et j'ai voulu éliminer l'autre, la peste qui cherchait à m'embrouiller. Elle pensait certainement que j'allais tomber dans son piège. Je regrette juste de ne pas avoir pu l'expédier en enfer, elle aussi ! Toutes les trois, elles ont gâché la seconde vie de Tristan alors que tout était à nouveau possible. Sirène océane m'avait promis l'éternité au bout de ma quête ! On s'entend si bien, tous les deux ! J'ai alors compris que, si Tristan l'avait suivie, délaissant les deux Iseut, il aurait connu un autre destin. Voilà pourquoi elle hantait ses nuits de ses mélopées plaintives, assise sur un rocher.

— Et tu sais qui est Sirène océane ?

— Bien sûr, elle représente la conscience de Tristan, le fil éternel qui perpétue la magie des légendes, la preuve de l'infini des sentiments mythiques.

— Je te parle de la personne bien réelle dont les doigts tapaient les messages sur son ordinateur pour entrer en contact avec toi ces derniers mois, pas d'un hypothétique passé lointain, s'énerva Gildas Troupel, proche de l'apoplexie. C'est un homme ou une femme ? Quelqu'un de la région ? Tu as bien mené ton enquête pour l'identifier, non ?

— Sirène océane n'existe que pour mes yeux, c'est un fantasme que vous ne pouvez voir, un guide pour mon chemin d'éternité. Vous possédez un esprit trop cartésien pour percevoir de telles impressions ; tenter de vous initier consisterait pour moi à offrir l'Iliade et l'Odyssée à un illettré ! Il vous manque une dimension dans votre plate existence, vous végétez lamentablement au niveau des mortels, tellement terre à terre, dépourvu de la moindre once d'imagination ! Vous ne représentez rien pour personne, un pion sur un damier, rien de plus ! Moi, j'ai le pouvoir de vivre et d'accorder l'éternité grâce à mon guide !

Gildas Troupel jeta l'éponge. Il n'en saurait pas davantage, du moins pour l'instant. Il se dirigea vers la porte, appela un bleu pour garder le criminel, puis sortit de la salle d'interrogatoire.

À côté de moi, Eva secoua la tête avant de clamer :

— Ce type est totalement à la masse, il sombre dans le délire le plus complet ! Il semble inconscient des crimes qu'il vient de commettre et du fait qu'il va en prendre pour perpète ! Absolument à côté de ses pompes !

— Dans ma carrière, répondis-je, j'ai rencontré deux types de personnes qui réagissaient de la sorte. Les fanatiques qui suivent un gourou, tels les moutons de Panurge qui se sont jetés à la mer par obéissance aveugle, et les puissants qui se pensent intouchables en raison du pouvoir de l'argent, de l'ascendant qu'ils pensent posséder sur l'ensemble de leurs semblables, de la supériorité que leur confère un statut particulier. Les uns comme les autres ont perdu pied avec la réalité…

— Et vous classez notre olibrius dans quelle catégorie ? La première, sûrement ! Il n'a rien d'un caïd…

— Oui, je pense qu'il est manipulé. Guidel est victime et coupable. Il est le meurtrier, mais pour cela, un esprit plus fort s'est servi de sa mégalomanie et l'a conforté dans l'idée que son éternité résidait dans la mort de ces deux, puis trois femmes.

— Vous pensez à Sirène océane, Capitaine ? questionna Eva, les mains posées sur les hanches. Qui croyez-vous qui pourrait se cacher derrière ce pseudonyme ?

— Cela, le saurons-nous un jour ? Connaissons-nous d'ailleurs cet individu ? Et puis, existe-t-il vraiment, ce tireur de ficelles ? Est-ce une seule personne ou un groupe qui teste un moyen de pression sur un grand nombre d'internautes pour imaginer un concept encore plus efficace ? Les organisateurs du jeu de rôles, des opportunistes qui, dans le cas présent, utilisent le besoin d'évasion et d'imaginaire de certains, pour se remplir bien concrètement les poches, quelles qu'en soient les conséquences ? Ma longue carrière m'a appris à ne m'étonner de rien et à me préparer au pire…

— Vous me faites froid dans le dos ! Personne ne peut donc rien contre ces gens ?

— Je serais vous, j'enquêterais sur les créateurs du site Tristan, Roleplay. Une fois que vous les aurez débusqués, si vous y parvenez, vous les interrogerez pour déterminer leur part de responsabilité dans la teneur des forums et d'échanges entre participants au jeu qui peuvent conduire au meurtre d'adeptes… Et alors, vous déboucherez sur un vide juridique que les morts des deux Marine inciteront peut-être à combler… Avant que d'autres gens ne développent de nouveaux concepts, causant à leur tour des dégâts qui inciteront une fois de plus le législateur à intervenir… Je sais, je suis déprimant, j'ai de vieux démons qui se réveillent en ce moment…

Je quittai une blonde d'origine polonaise pour en rejoindre une autre, ma fille, qui s'était éclipsée en cours d'interrogatoire, ayant reçu un appel de Rose-Marie. Elle avait demandé à Eva l'autorisation d'utiliser son ordinateur pour récupérer des éléments à télécharger. Depuis, elle avait disparu. Au moment où nous revenions vers le bureau de Gildas, épuisé par sa tâche, Dominique arrivait en courant au bout du couloir, s'excusant de son retard. Elle s'enquit aussitôt du déroulement de l'interrogatoire qu'elle devinait avoir raté. Au visage de l'adjudant-chef, elle comprit que les circonstances des meurtres restaient mystérieuses. Elle le rassura : il aurait ce garçon à l'usure, Guidel finirait par craquer… Gildas répondit par une moue dubitative.

Je vis alors un museau dépasser de l'encoignure d'une porte et compris que Sarah désirait me parler sans attirer l'attention des autres personnes présentes. Elle venait sûrement de sortir de son esprit inventif un nouveau scénario pour boucler l'enquête qui nous intéressait. Je craignais le pire, commençant à bien la connaître. Je m'éclipsai discrètement alors que la magistrate apportait des nouvelles positives de Marina

Marchal, même si la partie n'était pas encore gagnée dans son combat contre la mort.

En quelques phrases, Sarah me parla de son embarras, de celui de RMC, car les documents de l'ordinateur de Gaétan Guidel s'effaçaient à mesure qu'on les ouvrait, ce qui ne laissait des pages existantes que la vision rapide que pouvait en avoir l'Antillaise, avant de se retrouver devant l'écran noir. Elle me rapporta les informations pêchées au vol et me demanda comment il serait possible de les utiliser, alors qu'elles n'existaient pas sur d'autres supports matériels que le crâne de Rosie, disque dur certes performant, mais qui n'était pas amovible du reste de son corps... Je réfléchis un moment, avant que ma fille ne m'apprenne, en se frottant la bosse à l'arrière de sa tête, que ce n'était pas tout, le plus délicat était à venir...

Quand on revint vers le bureau de Gildas Troupel, on comprit, au concert de voix, que le capitaine Cortin avait invité le groupe dans le mess des officiers pour un pot de l'amitié censé fêter la conclusion de l'enquête. Très vite, en nous découvrant dans le fond de la salle, Dominique s'avança vers nous pour me serrer la main et embrasser Sarah.

— Alors, vous avez trouvé le temps de signer vos rapports ? nous lança-t-elle, goguenarde, persifleuse même. Vous ne pensez pas que votre équipe de Quimper aurait bien besoin de vous pour l'aider à résoudre d'autres affaires, tout aussi passionnantes ?

— Pour l'instant, c'est moi qui aurais besoin de votre soutien pour les minutes qui suivent, car je vais marcher sur des œufs en veillant à ne pas faire d'omelette ! murmurai-je à l'oreille de la magistrate. Je dois pouvoir compter sur votre appui quand tous les yeux des personnes rassemblées dans cette pièce me fusilleront au même instant…

— Vous savez très bien que je ne vous laisserai jamais tomber, Paul ! Je vous fais confiance, même si parfois, il m'en cuit, car vos indices sont très ténus. Cependant, je sais que vous ne me mettriez pas en danger, si vous pouviez agir autrement.

— Justement, c'est là que le bât blesse, cette fois, je ne possède pas la moindre preuve des accusations que je vais formuler. Je vais me lancer dans un bluff total, avec pour seul allié solide, l'effet de surprise.

— Paul, vous aurez ma peau, à force !

Dans la salle du mess, l'ambiance était à la joie, presque à la rigolade. Le capitaine avait invité de nombreux protagonistes de l'opération, membres de ses équipes. Tous avaient déjà un verre de champagne à la main, hormis Gildas qui avait pris du jus d'orange. Ils nous attendaient pour trinquer et je n'eus pas le cœur de leur gâcher aussitôt la fête. Le capitaine félicita ses hommes et les remercia d'avoir accepté d'aussi bonne grâce la collaboration avec deux policiers. Il eut, avant de conclure son intervention, un mot élogieux pour Dominique et aussi une parole sympathique pour Sarah et moi. Il leva son verre, les autres suivirent et l'ambiance repartit promptement aux éclats de rire. Je compris alors que je n'y arriverai pas. Dominique aussi, qui saisit une petite cuiller sur la table, pour taper sur son verre, puis elle prit la parole :

— En cet instant, nous fêtons deux victoires : l'arrestation d'un criminel récidiviste et le travail d'équipe entre gendarmerie et police. Pourquoi vous le cacher, la seconde réussite est aussi chère à mon cœur que la première. Elle est gage de perspectives positives, depuis que le rapprochement des deux corps est une réalité scellée par nos dirigeants. Elle a été possible grâce à l'ouverture d'esprit du capitaine Cortin que je tiens à remercier de son accueil et pour les facilités qui nous ont été accordées, grâce à la coopération de ses équipes, grâce au grand professionnalisme du capitaine Paul Capitaine et du lieutenant Sarah Nowak, policiers de la brigade criminelle de Quimper. Après avoir renouvelé mes sincères remerciements à chacun de vous, j'aimerais d'ailleurs laisser la parole au capitaine qui a un message pour vous…

Cette fois, j'étais lancé pour de bon et je ne pouvais me dérober. Déjà pour ne pas trahir l'effort que venait de consentir mon amie, ensuite par respect de la vérité dans une enquête. Je posai mon verre sur la table, pour évoluer les mains libres, sentis la main de ma fille sur mon avant-bras et je sus que je n'étais pas seul à me lancer dans cet exercice de haute voltige :

— À ces félicitations, je tiendrais à ajouter l'enquêtrice Rose-Marie Cortot, notre spécialiste en informatique qui a accompli un travail prodigieux, notamment en parvenant à infiltrer le site du jeu de rôles sans se faire repérer. Elle aurait aimé être parmi nous en cet instant, hélas ses talents ont été requis pour la bonne avancée d'une autre affaire... Elle nous a cependant adressé un dossier, contenu dans la chemise que je tiens dans ma main gauche. Par son talent, elle est parvenue à s'introduire sur l'ordinateur de Gaétan Guidel, alias le Chevalier blanc, pour y récupérer les documents les mieux protégés. Elle a ainsi pu noter ses liens personnels avec les deux victimes et avec le lieutenant de police Marina Marchal de qui nous venons de recevoir des nouvelles rassurantes... Celle-ci avait pris contact avec le tueur, sous le pseudonyme de Penn Sardin, pour l'approcher et lui tendre un piège qui s'est retourné contre elle. Son tort fut d'agir en solo, considérant cette affaire comme personnelle. Rose-Marie Cortot, entrée dans le jeu de rôles, sous le pseudo de Perle noire, est vite arrivée à la conclusion que, si Gaétan Guidel est bien le coupable des meurtres des deux Marine, il a été poussé à les commettre par un individu qui se cachait sous le pseudo de Sirène océane. Le lien entre Sirène océane et le Chevalier blanc était quasiment quotidien et certains messages échappaient au forum en ligne. Ils faisaient partie d'un fichier que le possesseur de l'ordinateur pensait inviolable. Rose-Marie est parvenue à l'intercepter pour comprendre que, lorsque Sirène Océane désirait que le Chevalier blanc élimine une rivale, elle joignait à son message une photo d'elle, nantie d'une chevelure d'or et de goémon, le corps nu, couvert de sable, et les jambes s'achevant en nageoire, promettant au destinataire l'éternité auprès d'elle s'il accomplissait sa mission ! Cette chemise contient les photos de Sirène océane, on y voit son buste superbe, on y reconnaît son visage et…

— C'est impossible ! intervint Eva sans y être invitée, le Chevalier blanc possédait un logiciel qui effaçait instantanément les messages qu'il recevait sur ce fichier, vous l'avez encore affirmé tout à l'heure. Il est impossible qu'une tierce personne puisse intercepter ces envois…

— Comment connaissez-vous ce détail, Eva ? insistai-je, surpris. Ne me dites pas que vous avez tenté de pénétrer sur le site du Chevalier blanc ?

— Non, bien sûr, je ne savais pas qui était cette personne ! tenta-t-elle de répliquer, prise dans ses contradictions. Enfin, c'est vous-même qui venez de donner ce détail, je l'ai bien entendu, vous l'avez entendu, vous aussi… En tout cas, c'est ce que j'avais cru comprendre en vous écoutant…

— Comment expliquez-vous alors que ces photos représentent une jeune femme au visage et au corps si semblable aux vôtres, Brigadier, pour le peu qu'il m'ait été donné de les admirer… Comment pouvez-vous justifier que, dans la mémoire de la poubelle de votre ordinateur personnel, Sarah ait trouvé une trace de ces messages dont vous avez cherché à vous débarrasser à la hâte ? Les faits sont là, Eva, je désire seulement savoir pourquoi, comprendre les raisons qui vous ont poussée à agir de la sorte… Quelles atteintes avaient été perpétrées par ces filles sur votre personne pour mériter la mort ? Quel crime avaient-elles commis pour périr ainsi ?

En un instant, tous les visages se fermèrent, les bouches se turent et le silence devint pesant. Les regards des gendarmes me foudroyèrent, comme je l'avais imaginé. Sarah me tenait toujours fermement l'avant-bras. Je sentais l'épaule de Dominique qui frottait ostensiblement la mienne, m'aidant à tenir les prochaines secondes, tellement déterminantes mais si interminables : soit Eva reconnaissait son implication, soit l'un de ses collègues me demandait de leur présenter mes preuves, et alors j'étais très mal ! Eva avait pâli d'un coup, grande liane de bleu vêtue, elle tourna la tête à droite, à gauche, comme ce jour où elle avait appris que j'étais le père de Sarah, pour chercher un appui qui tarda à se manifester.

Promptement, elle choisit la fuite et courut vers la sortie, ignorant les talents de plaqueuse de Sarah qui la bouscula pour ralentir sa course avant de la faire chuter d'un leste croche-pied. Seconde d'un combat de gouren, cela conférait une certaine expérience quand même !

Une joute s'engagea alors à terre entre les deux jeunes femmes sans que personne ne s'avance pour venir en aide à l'une ou à l'autre. Même pas moi, à qui ma fille m'aurait reproché plus tard de douter en permanence de ses capacités, si je décidais d'intervenir pour lui prêter main-forte. D'un autre côté, elle critiquerait certainement ma passivité dans quelques heures, mais des deux maux je préférais endurer le moindre ! D'autant que, même plus petite que sa rivale, elle était plus solide, plus trapue, plus déterminée aussi. Elle neutralisa d'ailleurs vite son adversaire d'une clé au bras, avant de la relever avec autorité et de la placer devant nous. Après un long moment à reprendre sa respiration et à juger le verdict des regards qui la foudroyaient, Eva tenta de justifier son comportement :

— Personne ne m'a jamais considérée, surtout pas les hommes, et vous, mes soi-disant collègues, encore moins que les autres ! Je ne valais que par mon beau visage, mon physique agréable, jamais la moindre parole de félicitations pour mon travail ! Quand je sortais, je tombais toujours sur des mecs nuls qui nourrissaient seulement l'espoir que je finisse dans leur lit ! Les soirées en solitaire étaient mortelles d'ennui, j'ai découvert ce site, bien avant les meurtres. Un hasard, un mauvais hasard. Le Chevalier blanc, lui, appréciait Sirène océane, le pseudo que j'avais choisi en pensant à la petite sirène d'Andersen, pour son esprit et ses valeurs morales. Je me suis prise au jeu, au point qu'il devienne la partie de ma vie la plus exaltante, une fois ma journée terminée. Seulement, il y avait les deux Iseut qui nous séparaient encore... Il les aimait, surtout la blonde, je le sentais bien ! Sirène océane ne pouvait accepter de voir son bonheur lui échapper à cause de deux Mouettes ! Le Chevalier blanc ne voulait pas les éliminer, il tenait à elles, il fallait l'aider à passer à l'acte. Premier atout : elles l'avaient trahi, l'une s'était mariée, l'autre allait le faire. Elle savait qu'en se promettant éternellement à lui, Sirène océane apporterait un paramètre nouveau dans l'esprit du Chevalier blanc, car si Tristan avait prêté attention à l'inconnue du rocher, son destin aurait été différent. Ce qui devait être fait le fut. Seulement, Penn Sardin est arrivée pour tout gâcher ! Elle voulait contacter le Chevalier blanc, sans doute pour le mettre en garde contre Sirène océane, il fallait donc l'éliminer, elle aussi !

— Il s'en est fallu d'un cheveu que la malheureuse n'y laisse sa peau, à son tour ! soupirai-je, libéré d'un gros poids. Et Sarah par la même occasion, d'ailleurs !

— C'est alors que, pour la première fois, dans mon esprit, le réel a télescopé le virtuel ! reprit Eva Podolski, tête basse et mains croisées devant ses cuisses. Le réel, c'était bien Sarah, cette policière effrontée qui me collait aux crampons et qui avait deviné que le lieu de rendez-vous, ce n'était pas l'île Tristan, mais le bateau qui venait d'arriver au Port-Rhu et qui portait le même nom. Elle y a couru, dès qu'elle l'a compris, je l'ai suivie sans parvenir à la rattraper pour la raisonner. Elle a voulu intervenir, je l'ai laissée agir, je lui ai proposé de rester sur le quai pour attendre les renforts et les aiguiller dans la bonne direction. Je comptais sur le Chevalier blanc pour me débarrasser des deux, il en possédait la motivation ! Sans l'intervention un peu trop rapide de son père, que j'ai vu arriver de loin, Sarah serait morte et sa collègue aussi, et personne n'aurait rien su… Mais pour les photos, je ne comprends pas, elles devaient s'effacer aussitôt…

— Adjudant-chef Troupel, coupa Dominique Vasseur, satisfaite du déroulement des événements, désirez-vous que la police procède à l'arrestation d'Eva Podolski ou pensez-vous pouvoir l'effectuer vous-même ? Je comprendrais que vous refusiez, elle était votre équipière, comme je conçois les regards réprobateurs de vos collègues à l'adresse du capitaine Paul Capitaine. Le fait qu'Eva Podolski ait terni l'uniforme de la gendarmerie ne change en rien l'estime que j'éprouve pour votre corps. Messieurs, je ne vois aucun amalgame à effectuer… Capitaine, veuillez me donner ce dossier, je vous prie, ce sont des preuves que j'inclurais ou non au dossier, selon qu'elles s'avéreront nécessaires ou pas. Je ne souhaite pas accabler davantage le brigadier en offrant en pâture à une presse qui s'en pourlécherait, ces photos d'elle, dénudée, peu flatteuses pour son image morale de même que pour celle de la gendarmerie ! Voilà un élément de l'enquête qui pourrait rester entre nous, ne pas quitter cette salle, si personne n'y voit d'inconvénient… Alors, Adjudant-chef, quelle est votre décision ?

— Toute ma carrière a été dictée par la loyauté envers la gendarmerie et le respect de la justice. La prévenue sera entendue par ses pairs et devra répondre de ses actes devant un tribunal, comme n'importe quel criminel. Eva Podolski, veuillez me suivre, je vous prie, vous avez le droit de garder le silence. Dans le cas contraire, tout ce que vous direz pourra être utilisé contre vous…

— Si tu le désires, enchaîna Sarah, en s'approchant de deux pas, je peux te recommander une jeune avocate qui est sérieuse et traitera ton dossier avec…

— Tu ne crois pas que tu as déjà suffisamment fichu le bordel dans ma vie, la Polonaise ?

VIII

Bien sûr, l'arrestation d'Eva Podolski avait cassé l'ambiance de la petite sauterie et le champagne avait pris un goût amer... Il était plus sage pour nous de nous éclipser pour laisser la brigade régler ses comptes en famille. Dominique se proposa de nous ramener, Sarah prit les devants pour nous annoncer que Rose-Marie passait la prendre, elle était en RTT et toutes deux souhaitaient aller rendre visite à Marina à l'hôpital, car celle-ci avait repris connaissance. Sarah voulait lui annoncer le résultat de son travail, consciente que, sans son dossier, jamais l'équipe n'aurait suivi la piste de Sirène océane ! Elle laissa un temps s'écouler, puis elle déclara qu'en fait, il s'agissait aussi d'un bon prétexte pour nous laisser rentrer en amoureux.

On alla saluer le capitaine Cortin, bien perplexe depuis mon coup d'éclat, si fier de la résolution par son équipe d'une affaire de cette ampleur et abasourdi d'apprendre que le brigadier Eva Podolski, élément sérieux et sans histoires, pouvait avoir élaboré un plan aussi machiavélique, sans autre but que d'éprouver le sentiment d'exister aux yeux de quelqu'un et surtout d'adresser à ses collègues le reproche qu'ils ne l'avaient jamais comprise ! Gildas Troupel tint à nous accompagner dans la cour où la voiture de Dominique nous attendait. Il me remercia pour mon courage, malgré la désagréable sensation de gâchis qui le tourmentait depuis ce coup de tonnerre. Sans doute était-il meurtri dans son âme, car il appréciait sa partenaire, et, malgré son tempérament réservé, peut-être éprouvait-il la culpabilité de n'avoir rien vu venir... Il avait certainement pris en affection sa coéquipière, sans trop savoir comment se comporter avec elle. Il aurait aimé lui trouver des circonstances atténuantes, seulement, nul n'avait le droit de salir l'uniforme par de tels actes aussi incompréhensibles et déments...

— Elle aura besoin de vous, Gildas, pour ne pas sombrer dans la folie ! Peu importe le regard que nous portons sur son comportement, elle devra se défendre devant un tribunal, expliquer son parcours, une jeunesse difficile, peut-être d'autres blessures plus douloureuses qu'elle nous cache encore... Sarah désirait lui parler d'une jeune avocate sérieuse, maître Joëlle Compan, que nous avons eu l'occasion d'apprécier dans une affaire récente. Elle ne paie pas de mine, mais elle est pugnace ! Elle est jeune, bosseuse, précise dans ses dossiers, proche de ses clients, notamment de jeunes femmes comme Eva.

— Je ne vais pas la laisser tomber ! assura le gendarme en acceptant ma main tendue. Elle ne restera certainement pas à Douarnenez, elle sera transférée à Quimper ou peut-être à Rennes... Je la suivrai cependant à distance, je te le promets ! Je m'en veux de n'avoir rien vu venir, de ne pas avoir anticipé cette tragédie, de ne pas être passé outre sa timidité maladive. J'avais tellement peur qu'elle prenne mes gestes d'amitié pour des avances déguisées, on se retrouve parfois au tribunal pour harcèlement sexuel pour des bêtises de ce genre ! Nous sommes si patauds et maladroits envers les sensibilités féminines qu'on agit parfois mal en pensant bien faire...

— Si vous passez à Bénodet, poussez jusqu'à la pointe Saint-Gilles ! intervint Sarah. Une maison de granit gris avant le camping, vous ne pouvez pas vous tromper, c'est là que nous logeons, Paul et moi ! Vous y serez toujours le bienvenu et, au milieu des canettes de bière du sportif sur canapé, nous trouverons bien une bouteille de jus de fruit à vous offrir... Et avec un peu de chance, vous tomberez un jour où le substitut Vasseur honorera notre humble demeure de sa présence lumineuse...

— Je m'aperçois aussi que je ne t'ai pas remercié pour ton intervention décisive ! ponctuai-je, la main posée sur l'épaule de Gildas. Au rond-point, face aux manifestants, quand je voulais passer en force... Cela aurait été une énorme bêtise et nous ne serions peut-être pas arrivés à temps pour sauver Sarah... Tu as été un ami véritable et je t'en remercie. Du moins, aujourd'hui, car quand elle me cassera les pieds, je te maudirai certainement de m'avoir aidé à la sauver…

On s'avançait vers la voiture, Dominique s'installa au volant, peaufina le réglage de son rétroviseur, à moins qu'il ne se fût agi d'un stratagème pour contempler une dernière fois le bel adjudant-chef Gildas Troupel… Je pris place à ses côtés, perdu dans une nouvelle réflexion, un détail sur lequel je n'avais pas aussitôt percuté, et Sarah s'installa à l'arrière, avec un peu de difficulté en raison de son pugilat victorieux. Dès que je fus certain que mes propos ne risquaient plus de tomber dans les oreilles des gendarmes, je questionnai ma fille :

— C'est quoi cette histoire de maison à Bénodet où nous logeons ensemble ? Cette demeure appartient à mon père, ce n'est pas la nôtre, et il n'est pas mort, à ce que je sache… J'attends tes explications !

— Papy est seul dans sa grande maison et il commence à perdre la mémoire. Ce qui lui manque, c'est de la compagnie. Alors, au lieu de continuer à payer un loyer au Colibri, après en avoir parlé avec ta sœur Colette, j'ai décidé d'aller m'installer à Bénodet. Cela me fait un peu de route le matin, mais Papy est heureux d'avoir quelqu'un pour lui préparer ses repas. Et comme la maison est grande, dès que j'ai appris que tu revenais t'installer définitivement en Bretagne, je t'ai préparé une chambre… Celle de gauche en montant, la plus grande. Ne me remercie pas, c'est normal !

— Mais j'aurais très bien pu reprendre ma chambre dans l'hôtel de Françoise, en face de la gare, dès qu'elle sera rentrée de ses congés ! Depuis quand t'arroges-tu le droit de diriger ma vie…

— Tu oublies Françoise, c'est du passé ! Elle est partie en vacances avec Ronan Feunteun, ton copain journaliste. Depuis que tu leur as donné la possibilité de renouer, ils ne se quittent plus. Et puis je n'aime pas te savoir dans ce quartier ; Julie habite un peu plus loin, la tentation est trop proche de toi et de ton cœur d'artichaut ! Alors qu'à Bénodet, tu auras ta fille adorée pour s'occuper de toi à plein temps, en attendant la fin de la semaine et les possibles visites d'une magistrate que tu snobes avec goujaterie depuis ton retour dans le Finistère. Cela te brûlerait la bouche de lui dire que tu l'aimes ?

— Et dans ta tête de linotte, tu n'as pas réfléchi au fait que je n'ai pas de voiture pour me rendre au commissariat de Quimper tous les jours ? Alors que, de l'Hôtel des Voyageurs, à pied, j'en avais pour dix minutes…

— Dans le cas où tu l'aurais oublié, en plus de l'honneur d'être ta fille, je possède aussi le privilège de travailler à tes côtés, ce qui signifie que nos horaires sont presque toujours calés, à part le lundi matin. Sinon, tu as le bus qui ne met pas beaucoup plus de temps pour rallier Quimper ou encore notre collègue, Carole Mortier, à qui cela ne posera pas de problème de faire un petit crochet en quittant son domicile de Gouesnac'h, pour venir te chercher. Au contraire même, ce sera un plaisir pour elle, je le sais… Tout comme je sais que cette dernière solution ne vous emballe pas, Dominique, pas vrai ?

— Vous savez que vous feriez un superbe duo de comiques, tous les deux ! répliqua le substitut du procureur en secouant la tête. Votre numéro est parfaitement au point. Si je continue à vous servir de chauffeur de taxi, je vais même songer à revendre mon autoradio, il devient inutile, je suis sur Sketches-FM en permanence…

On approcha Sarah jusqu'au rond-point de l'entrée de la ville, celui-là même où nous avions été bloqués par les manifestants, lieu choisi par ma fille pour donner rendez-vous à RMC sur le parking d'un magasin de hard-discount voisin. En nous embrassant, elle tint à nous dire que nous avions été géniaux, tous les deux. Dominique par sa manière de me préparer le tremplin et moi dans ma façon adroite d'amener l'affaire, de sorte qu'Eva ne puisse trouver une autre échappatoire que la fuite. Elle avait les larmes aux yeux en parlant, ma môme. Je lui demandai si sa plaie la faisait souffrir, elle sourit.

— On fait une chouette équipe, tous les trois, pour le boulot, et aussi pour l'amitié ! Pour le reste, je vous laisse en discuter ensemble, mais c'est vrai que le jour où je vous verrai vous offrir un bon gros bisou d'amoureux, j'aurai un poids de moins sur les épaules et je pourrai penser à mon propre bonheur...

— Dis-toi, ma fille, que si jamais, un jour, un élan irrépressible nous poussait l'un vers l'autre, Dominique et moi, au point de ne pouvoir résister à un vrai baiser de cinéma, je vérifierai auparavant avec un maximum de certitude que tu ne nous espionnes pas, car nous désirons avant tout la discrétion, l'anonymat, la paix. Des notions impossibles à goûter en ta présence... Mais on t'aime bien quand même, rassure-toi !

On reprit la route de Quimper en conversant sur l'un de nos sujets favoris : Sarah. Dominique m'avoua à quel point elle s'était attachée à ma fille, au point de penser parfois qu'elle était aussi un peu la sienne. Certes, elle l'aurait eue très jeune... Elle enviait sa spontanéité et sa fraîcheur, la manière directe avec laquelle elle abordait les relations humaines, les sujets les plus scabreux ; elle aimait aussi lorsque Sarah lui demandait des conseils, ce que je découvris, en écoutant la conductrice :

— Je ne devrais pas vous le dire, promettez-moi de ne pas lui révéler que j'ai vendu la mèche : elle est venue un jour me demander quelle place vous teniez dans ma vie. Elle vous aime vraiment et ne voudrait pas vous voir souffrir...

— Mais de quoi elle se mêle ! Je vous assure que je ne suis pour rien dans de tels comportements de sa part et...

— Ce n'est pas grave, au contraire... Elle me parle aussi souvent de votre père. Elle semble toujours guillerette quand elle évoque la maladie qui le touche, cependant, au fond d'elle, la situation la chamboule. Elle n'a jamais eu de grand-père, elle s'en découvre un et, rapidement, elle le perd lentement à cause de la maladie d'Alzheimer. Elle n'a que vingt-six ans, il est bon de le rappeler. Elle semble tellement plus mûre que ne l'indique son état civil... Parfois, on fait aussi les boutiques, comme deux copines, ainsi qu'elle l'aurait fait en compagnie de sa mère... Elle a besoin de ces points de repère pour tracer son sillon ! Quand il se passe une semaine sans qu'elle m'appelle, cela me manque... J'existe un peu plus grâce à elle...

— Il est vrai que je la connais encore si peu, je veux dire que je me sens démuni devant ses réactions, père d'une jeune femme de vingt-six ans, c'est nouveau pour moi, je ne l'aide pas beaucoup à mûrir ! Pas suffisamment, certainement, par rapport à un père véritable, enfin qui l'aurait connue depuis sa naissance et l'aurait aidée à grandir, année après année. Il me faut à la fois rattraper le temps perdu et asseoir la relation présente. J'y pensais dans le TGV qui me menait vers Quimper... Et puis, ce n'est pas facile, nous travaillons ensemble. Elle est souvent davantage ma partenaire que ma fille. Sans doute suis-je trop dur avec elle, vous avez raison, elle n'a que vingt-six ans, malgré son aplomb et ses certitudes... Pourtant, c'est vrai qu'elle représente ce que j'ai de plus cher au monde, même si je ne le lui dis pas assez ! Enfin, presque tout ce que j'ai de plus cher au monde, si je veux me montrer honnête... Une autre personne proche compte aussi beaucoup pour moi...

— ...Votre sœur Colette ? Elle vous adore, cela se sent bien, quand elle parle de vous, ses reproches ne sont rien d'autre que des appels affectifs, des frustrations face aux trop peu nombreux moments de complicité...

— Je ne pensais pas à elle ! Je l'aime beaucoup, c'est certain, mais elle a sa vie, son mari, ses enfants, son travail, ses loisirs. Non, je voulais parler d'une femme aussi timide que moi, aussi complexée que moi pour parler de sentiments intimes, dotée d'une sensibilité riche et généreuse, toujours présente quand j'ai besoin de partager un souci, un instant délicat... Je m'aperçois que je ne vous ai pas remerciée pour votre appui, au moment le plus difficile, tout à l'heure. J'ai pu parler car vous aviez préparé le terrain, neutralisé la première décharge d'agressivité, la plus destructrice, et ensuite, nous étions trois à faire front. Votre épaule qui frôlait la mienne, une sensation merveilleuse...

— En fait, j'avais aussi intérêt que vous à ce que le stratagème fonctionne ! rappela Dominique, très embarrassée, avant de révéler un autre visage. Pour tout dire, si je suis réellement sincère à mon tour, il me semblait faire bloc avec l'homme de ma vie, et c'est également une impression très agréable que je n'avais jamais éprouvée aussi intensément jusqu'ici ! Mais nous voilà déjà à l'entrée de Quimper, comme le temps passe vite en charmante compagnie !

— J'ai décidé de prendre mon après-midi, après cette semaine non-stop. Si vous étiez disponible, nous pourrions aller déjeuner à Bénodet, je poserais mes valises dans ma nouvelle chambre, chez mon père, puisque tout est prévu ainsi... Ensuite, nous pourrions nous accorder quelques heures pour... pour profiter de la vie et un peu l'un de l'autre...

— Voilà un programme qui me séduit totalement ! Je dois absolument apporter les derniers procès-verbaux à Julie pour qu'elle complète le dossier définitif et le remette au juge Jouvain. Je vais passer au palais, cela me prendra juste quelques minutes, et ensuite, je suis entièrement à vous.

— Entièrement ?

— Oui, je sais, cela fait une masse !

— Ce n'est pas ce que j'ai voulu dire, vous le savez bien...

Dominique possédait sa place de stationnement à l'intérieur de l'enceinte du palais de justice de Quimper. Elle me dit que je pouvais l'accompagner à son bureau sans risque : à cette heure, Julie s'éclipsait pour manger un bout à la brasserie voisine, elle aimait déjeuner tôt et profitait ensuite du calme entre midi et quatorze heures pour abattre un maximum de travail. Ainsi, n'ayant pas l'opportunité d'un choix entre l'une ou l'autre, lança la magistrate, mi-sérieuse, mi-taquine, je n'aurais pas à regretter d'avoir proposé de passer l'après-midi avec la patronne et non la secrétaire... Effectivement, après avoir ouvert la porte dotée de la petite pancarte : Dominique Vasseur, substitut du procureur, on constata que la pièce était vide. La magistrate posa le dossier sur le bureau de sa secrétaire et lui laissa un mot de recommandation. Elle consulta à la hâte les nouveaux dossiers qui s'empilaient, y griffonna quelques annotations, puis sortit du bureau et referma derrière elle, avant de m'adresser un large sourire complice pour me signifier que, désormais, elle était réellement tout à moi.

— Ah, Vasseur, vous êtes rentrée, c'est merveilleux !

D'un même geste, on se retourna en fermant les yeux, avant de saluer le procureur qui devait guetter le retour de son substitut favori.

— Alors, cette enquête à Douarnenez, quel revirement de dernière minute ! La jeune gendarmette, instigatrice des meurtres... il vous en a fallu du flair pour parvenir à cette conclusion incroyable ! Décidément, vous faites une bonne équipe, tous les deux ! Un fameux duo, en vérité...

— Vous savez, bredouilla Dominique dont le visage était passé du rose poupon au rouge cramoisi, c'est surtout le fruit du travail de toute une équipe. Et de la coopération de la justice, de la police et de la gendarmerie ! Ramener le mérite de la conclusion de cette affaire à nos deux personnes serait injuste et inexact au vu des…

— Vasseur, toujours cette humilité qui vous empêche de vous trouver à ma place, alors qu'une promotion vous tendrait les bras, si vous saviez faire mousser vos résultats… Mais ainsi, je peux profiter de vos compétences… À ce propos, je me rends cet après-midi à une réunion à Brest avec un représentant du Ministère, j'aimerais bien vous emmener avec moi… Votre secrétaire, toujours aussi charmante soit dit en passant, a consulté votre emploi du temps et m'a rassuré : vous n'aviez fixé aucun rendez-vous important dans les prochaines heures…

— C'est-à-dire… Bien, Monsieur le procureur, le temps de me rafraîchir et je vous rejoins ! répondit Dominique, cachant difficilement son dépit.

— Madame le substitut, intervins-je d'autorité, vexé de la tournure des événements, pour le dossier dont je vous ai entretenu en milieu de matinée, si cela ne peut s'effectuer dans l'après-midi, peut-être que nous pouvons remettre la rencontre, pour les conclusions définitives, en soirée, à votre retour de la réunion à Brest…

— Arrêtez de torturer mon bras droit, Capitaine ! s'insurgea le procureur. Elle a bien le droit à un peu de repos et d'intimité, le soir venu, comme tout le monde ! Vasseur, si vous ne savez pas manifester un peu d'autorité avec vos enquêteurs, ils vont vous pomper rapidement toute votre moelle ! Les policiers font parfois preuve d'un manque de tact et de délicatesse, ils ont des œillères qui les empêchent de regarder plus loin que leur affaire. Je vous attends dans la voiture…

Le procureur descendit les escaliers d'un pas souple, visiblement ravi du concours de circonstances qui allait lui permettre de passer l'après-midi avec son substitut préféré. Il me sembla même l'entendre siffloter. Dominique me regarda avec des billes tristes de Droopy de palais, elle haussa les épaules et s'excusa de me planter ainsi. « L'excès du bien, c'est déjà un peu le mal », disait souvent mon père à l'un de ses employés trop tatillon. Les procès-verbaux auraient pu arriver un peu plus tard et nous aurions évité ce crochet fatal et nous aurions coulé de doux moments tous les deux… Hélas, il était inutile de ruminer des regrets inutiles ! Dominique se dirigea d'un pas résigné vers le fond du couloir et je ne sus si le grincement venait de la lourde porte en bois ou des dents de la magistrate. Encore un rendez-vous raté…

Finalement, je passai l'après-midi au commissariat à classer des papiers, avant de rentrer en solitaire à Bénodet, avec un chauffeur de taxi dont j'avais déjà utilisé les services. Il me reconnut, me demanda des nouvelles de la journée, me parla du Stade Quimpérois sur le point de monter en division supérieure, me déposa à mi-route de la pointe Saint-Gilles et m'aida à sortir les valises devant le portail de la maison familiale. Pendant le parcours, il m'apprit que nous avions fréquenté les mêmes écoles et il en tirait une évidente fierté.

C'est fou le nombre de personnes qui vous ont côtoyé dans le cours de votre vie, dès que vous jouissez d'un brin de notoriété…

Par chance, Sarah avait oublié de fermer à clé derrière elle. Je pus m'avancer jusqu'à la porte en chêne massif et l'ouvrir, déposer mes valises dans le vestibule et me diriger vers le salon où mon père regardait la télé.

— Tiens, c'est toi, mon grand ? m'apostropha-t-il comme si je ne l'avais pas quitté durant trois mois. La journée a été bonne ? La petite n'est pas avec toi ?

— Non, elle est restée avec une copine… expliquai-je en me penchant pour l'embrasser. Elle arrivera plus tard ! Elle prend un peu de bon temps…

— Je l'aime bien, cette môme, elle est mignonne ! Tu as bien choisi ! Enfin, elle fait quand même beaucoup plus jeune que toi !

— Papa, ce n'est pas ma petite amie, c'est ma fille ! m'offusquai-je, sidéré par la réflexion.

— Ah bon, je me disais aussi ! me répliqua-t-il, le visage soudainement plus sombre. Arrête la télé, mon grand, il n'y a rien d'intéressant en ce moment ! Je vais me reposer, j'ai un coup de fatigue ; ces jours-ci, je ne sais pas ce qui m'attrape...

Il se leva avec peine pour gagner sa chambre, me laissant seul avec mes questions, mes doutes, mes angoisses, ma révolte intérieure face à une réalité qui venait de me gifler. C'était donc cela, la maladie d'Alzheimer !

Je compris mieux pourquoi Sarah avait décidé de ne pas le laisser seul, il n'était sans doute plus en mesure de s'assumer pour l'ensemble des tâches du quotidien.

En faisant le tour de la maison pour m'approprier ce lieu encore étranger, je vis des post-it jaunes collés un peu partout. Sur certains, je reconnaissais l'écriture tremblante de mon père, sur d'autres, celle de Sarah, plus énergique. Les premiers visaient à permettre à leur auteur de se rappeler de personnes, par exemple cette liste des gens proches mentionnant leur activité professionnelle : Sarah, Colette, son mari Rémy, les trois enfants et leur âge, et Rose-Marie. Je n'y figurais pas et pour cause, je ne faisais plus partie de son univers familier depuis si longtemps, pourquoi tiendrait-il à se souvenir de moi ? Les indications de Sarah l'aidaient à se rappeler de l'emplacement des objets usuels et de quelques détails essentiels de la vie quotidienne, pour éviter une catastrophe quand mon père se trouvait seul. Sinistre fin de parcours pour un être humain...

Je me dirigeai vers la chambre qu'il s'était aménagée dans ce qui était auparavant le bureau, et je le découvris allongé, les mains croisées sur le ventre, les yeux mi-clos. Sur la table de nuit, au milieu d'autres clichés, je notai une photo de moi, un rare souvenir adressé à mes parents depuis une destination lointaine, avec une annotation lapidaire sur une étiquette autocollante : Paul, mon fils. Il sentit sans doute ma présence, releva les paupières et me regarda longuement ; la détresse que je lus dans son regard me brisa le cœur. Il se trouvait à un stade de la maladie où il possédait encore une certaine conscience de la dégradation de sa mémoire, cela l'affectait davantage que le mal qui lui rongeait les neurones. Moi qui avais passé une bonne partie de ma vie à sauver des inconnus au service du pays, je me trouvais impuissant à tendre une main secourable à cet homme qui n'était déjà plus tout à fait celui qui m'avait élevé, qui dirigeait de main de maître la gare de Quimper et cultivait trop sa fierté personnelle pour accepter l'aide d'un tiers… Ce qui n'enlevait rien à l'affection profonde que je lui portais, au respect que je me promettais intimement de toujours lui témoigner, aux regrets que je cultiverais éternellement de ne pas avoir pu me libérer de mes obligations pour assister à l'enterrement de Maman. J'avais alors deux mères, l'une était décédée, ce n'était pas la Patrie, c'était celle qui m'avait donné le jour. Dans mon engagement, elle passait en second aux yeux de ceux qui géraient alors ma vie… Je réalisai avec effroi, à cet instant précis, que je ne pourrais jamais justifier à mon père mon choix d'alors et qu'on se séparerait forcément sur un malentendu, un jour ou un autre…

— On n'a pas souvent pris le temps de se parler, tous les deux, depuis que je suis venu au monde… lui avouai-je en m'asseyant près de lui, avant de lui saisir une main. Tu avais toujours un train à faire partir quand je voulais te confier mes soucis de môme ou d'adolescent. Et puis, un certain matin, tu as donné un coup de sifflet semblable à tous les autres, sauf que l'express qui quittait la gare de Quimper m'avait embarqué à son bord : je m'envolai loin de vous, sans que tu en comprennes la raison exacte. Loin des yeux, pas du cœur, seulement je ne te l'ai jamais dit, alors comment pouvais-tu le deviner ? Il ne s'est pas passé un seul jour sans que je ne pense à vous, les membres de ma famille proche, Maman, toi, Colette ! Que je me trouve en France, en Afrique, au Proche-Orient, en Océanie, je dialoguais avec vous, mais vous ne pouviez m'entendre… J'espérais seulement que vous le sentiez, que la force des sentiments permît cette perception à distance… Maintenant que je décide de poser les valises à la maison, c'est toi qui pars en voyage… Tu pars en voyage avec Aloïs, comme l'exprime Sarah, avec tellement de pudeur et d'affection ! Si tu le veux bien, nous continuerons à dialoguer ainsi, tous les deux. Je te dirai mes soucis du quotidien, je te confierai mes joies, tu ne seras pas forcé de me répondre, je puiserai juste dans ton regard la force que tout enfant, quel que soit son âge, glane chez son père. Et je te donnerai en retour ma tendresse et surtout celle d'une môme qui m'est tombée du ciel et qui a hérité de ta générosité d'âme et de ta douceur de cœur !

Il s'était endormi, paisible et détendu, paraissant me sourire, à moins que ce ne fût à la vie... ou à Aloïs qui l'invitait à partir en virée dans son monde virtuel, si différent cependant de ceux des jeux de rôles. Décidément, mon retour en Bretagne s'effectuait dans un mélange de rêve et de réalité qui me laissait en permanence dans un état second. Sans doute perdais-je mes repères d'une vie d'engagement au service total du pays, avec ses règles solidement établies et le rappel quotidien de la cruauté de l'âme humaine... Je venais de recouvrer ma liberté, seulement la liberté possédait des milliers de facettes, toutes aussi attirantes, parfois pures comme le sourire de Dominique, parfois perfides comme les escapades en des mondes aux entraves plus subtiles.

Je décidai de monter à l'étage pour ranger mes affaires dans la solide armoire en chêne de ce qui était auparavant sa chambre. Bien trop d'étagères pour mon si léger bagage ! Je poussai sur le côté un voilage blanc et je regardai par la fenêtre la baie de Bénodet, la pointe de Combrit, en face, la plage du Pussou à

Sainte-Marine, sur sa droite, autant de lieux emplis de souvenirs d'enfance. Des lieux réels, des souvenirs réels, des pivots solides pour retrouver mes racines ! Les vieux éléphants, dit-on, reviennent mourir sur les terres qui les ont vus naître, je faisais un peu comme eux, même si, à la cinquantaine, j'avais encore beaucoup de pages à écrire sur le livre de ma vie ; je n'avais pas poussé mon dernier barrissement, loin de là ! Les affaires vite rangées, je m'allongeai à mon tour, sans parvenir à mettre en veille mon disque dur interne qui me noyait d'une lancinante musique nostalgique. Je m'assoupis pourtant, harassé de fatigue et sans doute aussi de douleur morale et de colère intérieure.

Quand je revins à moi, le crépuscule commençait à tomber sur la mer, enveloppant le paysage d'un manteau d'encre bleu nuit et d'un orangé aux teintes flamboyantes.

Je décidai de sortir prendre l'air, avant d'appeler mon père pour le dîner. Un agréable petit vent marin me rafraîchit aussitôt le visage et les idées. Je me dirigeai vers la pointe Saint-Gilles et la Mer Blanche, lieux familiers de mon enfance, eux aussi emplis des parfums d'instants heureux. Je croisai quelques joggers courageux, des cyclotouristes chevronnés, et passai un long moment à admirer des jeunes sportifs qui avaient trouvé le moyen de conjuguer l'art du surf et la pratique du cerf-volant, pour filer sur les vagues qu'ils semblaient à peine caresser de leur planche, sans pour autant déranger un pêcheur à pied qui tenait en équilibre, Dieu seul savait par quel miracle, sur un rocher glissant entouré par les flots, une canne à pêche à la main, dont il lançait régulièrement la ligne le plus loin possible. Je serais resté des heures à profiter de cette paix rassurante que quelques cris de mouettes, reines du ciel, celles-ci, ne parvenaient pas à altérer, au contraire. Il fallut pourtant reprendre le chemin de la maison, car la nuit tombait lentement sur la mer et l'heure du repas approchait. Dès mon retour dans le salon, une fois mes brodequins enlevés, je vis clignoter le répondeur installé près du téléphone. J'appuyai sur la touche "message" et je reconnus la voix pointue de Sarah :

— À quoi cela sert que je me ruine à t'offrir un portable, si tu ne l'allumes jamais ! Je préfère donc laisser un message sur le téléphone de Papy pour te dire que, finalement, je reste passer la soirée à Quimper avec Rosie. On a un plan sympa en perspective, j'ai besoin de décompresser… Ne te fais aucun souci, je rentrerai dès que possible, pour que nous passions le dimanche ensemble, j'espère que tu m'inviteras à déjeuner, tu bénéficies d'une paie de capitaine, pas moi ! J'espère que ton après-midi avec Dominique a été agréable et que tu ne l'as pas trop malmenée… D'ailleurs, sans doute avez-vous prolongé le moment d'intimité, voilà pourquoi tu ne réponds pas ! Cela me fait plaisir de le savoir… Allez, je te laisse, gros bisous, mon Papounet !

Je me rendis à la cuisine pour détailler les produits du réfrigérateur, pas de quoi préparer un festin ! Je dressai la table, préparai une salade de tomates et fis réchauffer une barquette de hachis Parmentier. J'invitai mon père à venir me rejoindre, il arriva peu après et grimaça devant le plat proposé. Je lui expliquai que jamais personne n'arriverait à la cheville de Maman, en matière de cuisine, il marmonna un aigre : « Quand même ! » Il pignocha sur son assiette, levant par moments les yeux pour me regarder. J'aurais aimé connaître les idées qui traversaient son esprit, je n'eus pas la force de lui en parler ; alors je décidai de raconter ma balade à la pointe Saint-Gilles, les sportifs, le pêcheur, la vision des Glénan dans le lointain. Il m'écoutait sans rien dire, pourtant ses yeux traduisaient son plaisir de reconnaître ma voix et peut-être d'autres sentiments qui m'échappaient encore… Je sortis deux entremets du réfrigérateur en guise de dessert ; il les adorait, je lui laissai le mien. Alors que je débarrassais, il quitta discrètement la table et alla se recoucher, sans traîner dans le salon, comme s'il avait peur de me déranger. Je lui proposai de venir regarder la télé avec moi, il me répliqua qu'il était fatigué, ce soir.

Je me retrouvai seul, abandonné de tous. J'avais quitté une vie qui ne me laissait pas une seconde de répit, le stress des grandes opérations secrètes et le rythme trépidant de la vie parisienne pour m'enterrer comme un ermite au bout de la pointe Saint-Gilles. D'un coup, la déprime s'empara de moi ; je n'avais même pas une voiture pour aller traîner dans Quimper, même pas l'énergie de rallier la corniche de Bénodet pour déambuler dans la nuit tombée. Ainsi se profilait désormais mon existence, car ma fille avait décidé pour moi que nous partagerions tous deux la maison de mon père ! Il me restait à me mettre au tricot pour meubler mes soirées de solitude…

Le téléphone sonna et me sortit de mes pensées moroses ; je mis un certain temps avant de me lever de mon fauteuil pour répondre. Je songeai que Sarah tenait absolument à m'entendre et cela me fit plaisir qu'elle tienne à ce point à moi. Disposait-elle de suffisamment de sensibilité pour entendre ma détresse de l'instant ? Tant de jeunes oubliaient leurs parents… Peut-être m'appelait-elle à l'aide… Ne serait-ce que pour une panne d'essence, comme la semaine précédente ; elle avait besoin de son père et je volerais à son secours, comme tous les papas du monde, trop heureux d'épauler leur progéniture… Peut-être aussi s'agissait-il d'un appel du commissariat… Carole se trouvait de permanence, confrontée à une affaire insoluble, peut-être avait-elle besoin d'un conseil… ou de ma présence, elle aussi… Elle avait tant aimé me sentir auprès d'elle, pas uniquement pour le travail d'ailleurs…

Et que dire de Priscilla, sa fille, qui m'imaginait si bien dans le rôle du beau-père idéal !

— Paul, c'est Dominique, j'ai réussi à me libérer deux minutes des pattes du procureur pour vous appeler enfin. Il a tenu à m'inviter à dîner au Faou, dans un restaurant qu'il affectionne, je ne pouvais refuser son invitation, cela aurait été incorrect de ma part. J'aurais pourtant aimé finir la soirée auprès de vous, c'est raté, si vous saviez comme je suis navrée ! Votre après-midi s'est bien passée, tout de même ?

— Super, un programme génial, un pied d'enfer, le nirvana ! lui répondis-je, volontairement sarcastique. J'ai installé quelques affaires dans mon bureau au commissariat, j'ai pris mes marques dans les lieux, puis je suis rentré à Bénodet pour ranger mes habits dans l'armoire de ma nouvelle chambre, j'ai discuté avec mon père avant de me balader en solitaire le long de la côte jusqu'à nuit noire. Ensuite, nous avons partagé un hachis Parmentier et, à présent, j'hésite entre une partie de solitaire, un polar américain à la télé et l'apprentissage du tricot... Un programme exaltant, vous voyez ! Car, pour couronner le tout, Sarah m'a laissé un message pour m'annoncer qu'elle restait dormir chez RMC et qu'elle ne rentrerait que demain.

— Je suis désolée, je vous le répète, je ne pouvais décliner l'invitation du procureur, cela ne se fait pas ! Ne me torturez pas davantage avec vos reproches sous-jacents… Il vous apprécie beaucoup, vous savez, il m'a exprimé tout le bien qu'il pensait de vous, sa satisfaction de vous savoir désormais sur Quimper, en charge des plus importantes affaires criminelles. C'est important de bénéficier de son estime…

— Voilà un compliment qui me va droit au cœur ! Je sais à présent que je vais passer une soirée délicieuse, une nuit sereine et joyeuse ! Le procureur m'a à la bonne…

— Vous êtes injuste, Paul ! J'aurais mille fois préféré me trouver auprès de vous, vous le savez bien… Pour me faire pardonner de vous avoir fait faux bond, dimanche midi, je vous invite autour d'un plateau de fruits de mer à Bénodet : Sarah, Rose-Marie, votre père et vous.

— Ce n'est pas tout à fait le tête-à-tête escompté, mais c'est sympathique de votre part, ne vous y sentez pas obligée, vous fréquentez tellement de gens plus importants que moi ! Il est vrai que si vous venez d'apprendre votre nomination au poste de procureur et votre mutation, cela se fête comme il se doit…

— Paul, vous voulez bien entendre de ma bouche à quel point je suis heureuse de votre retour définitif en Bretagne, combien je suis heureuse et en confiance auprès de vous, comme auprès d'aucune autre personne, que c'est une chance pour une femme comme moi d'avoir croisé la route d'un homme merveilleux comme vous…

— Je sens déjà que ma soirée devient un peu moins désagréable, mais je pense qu'elle pourrait se révéler encore meilleure avec quelques paroles agréables de plus…

— En vérité, je me demande si le passage à l'acte m'apporte autant de plaisir que la perspective que je caresse depuis si longtemps ! rétorqua Dominique, comprenant que je la charriai. Finalement, peut-être que ces gens qui semblent m'interdire de me rapprocher de vous, me protègent d'une immense désillusion…

— Mon pauvre Tristan, murmurai-je dans un soupir de dépit, dire que tu croyais qu'elle t'aimait vraiment, la sirène du palais, alors qu'elle aussi, comme tant d'autres, se complaît dans les fantasmes enivrants d'un monde virtuel aux sentiments éthérés…

FIN

Plomelin - Mars 2009.

Quadri Signe - Editions Alain Bargain
125, Vieille Route de Rosporden - 29000 Quimper
E-mail : editions.alain.bargain@orange.fr
Site Internet : http://pagesperso-orange.fr/editions.bargain

Dépôt légal n°11 - 4e trimestre 2009
2e tirage - Dépôt légal n°7 - 2e trimestre 2010
ISBN 978-2-35550-056-5 — ISSN 1281-7813
N° d'impression : 004330
Imprimé en France